水运发展现状及对策研究

古 浩 著

北京工业大学出版社

图书在版编目（CIP）数据

水运发展现状及对策研究 / 古浩著. — 北京 ：北京工业大学出版社， 2021.10重印
ISBN 978-7-5639-7179-4

Ⅰ. ①水… Ⅱ. ①古… Ⅲ. ①水路运输－交通运输发展－研究－中国 Ⅳ. ①F552.3

中国版本图书馆 CIP 数据核字（2019）第 263655 号

水运发展现状及对策研究

著　　者：古　浩
责任编辑：刘　蕊
封面设计：点墨轩阁
出版发行：北京工业大学出版社
（北京市朝阳区平乐园 100 号　邮编：100124）
010-67391722（传真）　bgdcbs@sina.com
经销单位：全国各地新华书店
承印单位：三河市元兴印务有限公司
开　　本：710 毫米 ×1000 毫米　1/16
印　　张：7.5
字　　数：150 千字
版　　次：2021 年 10 月第 1 版
印　　次：2021 年10月第 2 次印刷
标准书号：ISBN 978-7-5639-7179-4
定　　价：48.00 元

前 言

交通运输是经济社会发展的先行官，也是国家基础设施建设的重点领域。中国素有“水运大国”的美称。水运在中国的交通运输历史长河中一直占据着重要的位置，随着我国水运事业的迅速发展，水运在我国交通运输中的地位日益突出。

水路运输符合资源节约型、环境友好型社会建设的要求，具有运量大、能耗小、污染轻、成本低和投资少的比较优势，是城市综合运输体系的重要组成部分。面对新时期的新要求，我国水运要抢抓战略机遇，充分发挥水运大国的优势，结合城市产业布局，加快水运基础设施建设，发展现代水运业务，提升运输服务水平，转变经济运行模式，为全面建成水运强国提供坚实支撑。

虽然水运在我国综合运输中具有十分重要的作用，但目前由于受到诸多不利因素的影响和制约，我国水运的发展仍然存在很多问题。在新时代新要求下，研究判断我国水运未来发展趋势，预先制定水运行业未来发展和改进的宏观规划，将对我国经济的发展和转型升级提供有力支撑。鉴于此，本书从现代水运的基础理论出发，剖析了我国水运发展的现状，并对近年来我国内河水运发展过程中出现的众多问题做了系统的梳理及分析，重点针对水运发展中的不利因素，提出了相应的解决对策，以期推动我国水运与相关部门的协调发展，维护水运的合法权益，真正发挥出水利运输在我国交通运输中的重要作用。

笔者在撰写本书过程中，借鉴了许多前人的研究成果，在此表示衷心的感谢！本书一定还存在着许多不足之处，恳请广大读者斧正。

目 录

第一章　现代水运简介

第一节　认识水运行业

一、现代水运简介

水运是使用船舶运送客货的一种运输方式。水运主要承担大数量、长距离的运输，是在干线运输中起主力作用的运输形式。在内河及沿海，水运也常作为小型运输工具使用，担任补充及衔接大批量干线运输的任务。水运的优点是成本低，能进行低成本、大批量、远距离的运输。但是水运也有显而易见的缺点，主要是运输速度慢，受港口、水位、季节、气候影响较大，因而一年中中断运输的时间较长。

水运分海运和河运两种。它们是以大自然赐予的海洋和河流做交通线的。但是，并不是所有的河流湖泊都可以成为现成的水路。如果需要通航吨位较高的船舶，窄的河道要加宽，浅的要挖深，有时还得开挖沟通河流与河流之间的运河，才能为大型内河船舶提供四通八达的航道网。

海洋运输是使用船舶等水运工具经海上航道运送货物和旅客的一种运输方式。它具有运量大、成本低等优点，但运输速度慢，且受自然条件影响。

内河运输简称“河运”，是使用船舶和其他水运工具，在国内的江、河、湖泊、水库等天然或人工水道运送货物和旅客的一种运输方式。它具有成本低、耗能少、投资省、少占或不占农田等优点，但其受自然条件限制较大、速度较慢、连续性差。

港口是水运的起点和终点。船只的补给、旅客的上下、货物的装卸和船舶的检修都在这里进行。一个港口集疏运货物和旅客的能力，即每年有多少货物和旅客在这里集中起来用船舶运往外地又有多少货物和旅客运到这里的能力，称为港口的吞吐能力。

集装箱运输是将多种多样的杂货集装于具有统一长、宽、高规格的箱体内进行运输。这些集装箱既可以装船利用水路运输，也可通过铁路、公路运输，中途更换车船不必把货物取出，可以提高装卸效率，有利于机械化操作，减轻繁重的体力劳动，减少货物的损失，简化繁杂的手续，加快车船的周转，降低运输成本。同时，集装箱运输可做到从发货人的仓库直接送到收货人的仓库，不必利用中转仓库，实行“门到门”的运输服务。集装箱运输最早出现在美国，20世纪60年代末推广到世界各地。

根据《中国水运行业深度调研与投资战略规划分析报告》统计分析，水运的形式有以下4种：

①沿海运输：是使用船舶通过大陆附近沿海航道运送客货的一种方式，一般使用中、小型船舶。

②近海运输：是使用船舶通过大陆邻近国家海上航道运送客货的一种运输形式，视航程可使用中型船舶，也可使用小型船舶。

③远洋运输：是使用船舶跨大洋的长途运输形式，主要依靠运量大的大型船舶。

④内河运输：是使用船舶在陆地内的江、河、湖、川等水道进行运输的一种方式，主要使用中、小型船舶。

二、水运行业概述

水运行业又名水路运输或水上运输业，指水上旅客运输、水上货物运输及水上运输的辅助活动，是使用船舶运送客货的一种运输方式。水运主要承担大数量、长距离的运输，是在干线运输中起主力作用的运输形式。水运行业发展现状主要有以下几点：

（一）水运市场蓬勃发展

首先，集装箱水路运输的快速发展。随着全球经济一体化和产业结构的调整，我国正逐步发展成为世界制造业中心，集装箱运输以其快速、门到门运输的特性发挥着越来越重要的作用。其次，水运在进口原油运输中发挥着重要的作用，对保障国内原油的供应发挥了主导作用。最后，进口矿石运输也是水运的突出优势。国家持续实施扩大内需的积极财政政策，推动了基础设施、房地产及汽车等各类机械工业的快速发展，钢铁需求持续快速大幅增长。近年来，外贸铁矿石进口量猛增，对全球矿石运输结构和国内钢铁原料供应产生了重大影响；水运在能源原材料和产成品的中长距离运输中发挥着重要的作用。中国进出口贸易货运量占全世界的 1/6，每年以 10% ～ 20% 的速度增长，仅中国就带动世界海运量 3% ～ 6% 的增长。

（二）水运基础设施建设取得长足进展

为适应内外贸运输需求的快速增长和船队大型化的要求，我国加快了上海国际水运中心、长三角、珠三角和渤海湾港口群的建设，相继建成一大批现代化、专业化的深水码头。

（三）船队结构得到改善，船队规模进一步扩大

新时期以来，我国政府进一步加大运力结构调整力度，推进船舶向大型化、现代化、标准化方向发展。远洋、沿海、内河船队规模不断扩大，船舶整体技术水平不断提高。全国内河船型标准化工作正在稳步推进，京杭运河船型标准化方案的实施，长江、珠江船型标准化工作的启动，必将促进我国内河船舶总体技术水平的提高。

（四）海运服务业得到了相应发展

随着我国加入世界贸易组织（WTO）和《中华人民共和国国际海运条例》的实施，我国国际船舶代理业、无船承运业、船舶管理业开始进入公开、公平的良性发展阶段。近几年我国港口企业、水运公司纷纷确立了向综合物流企业发展的目标，并取得了很大的进展。为海运服务的金融、保险、信息、科研、安全、救助、通信等体系也在不断建立和完善，进一步提高了水运业整体服务水平，促进了水运业的发展。

（五）对外开放取得显著成果

到目前为止，我国已经与世界主要海运国家签署了 68 个双边海运和河运协定，对外开放港口已有 130 多个，批准了外商在华设立各类经营企业和办事机构 1000 多家，挂靠我国港口的外资班轮公司 105 家，我国水运企业在国外设立水运企业及办事机构 600 多家。进出我国港口的外轮每年达 8 万多艘次，我国与 100 多个国家和地区的 1000 多个港口建立了广泛的水运业务往来。

近年来，我国内河水运业发展处于低谷，市场不景气，其主要原因是管理体制不顺、法规不健全；水运行业对水位的依赖性较大，江湖抗洪能力低，制约了水运业的发展；投入偏少，水运基础设施差，船舶航行速度慢，缺乏竞争力，因此，水运企业亏损严重，更导致行业发展缓慢。

据业内人士分析：我国水运行业发展的出路在创新。水运是古老的行业，和其他运输方式相比，有较为突出的比较优势，但由于多种因素，其优势没有充分发挥。

水运业在发展中要树立市场观念，以经济建设为中心，实行优胜劣汰，以改革为动力，把着眼点转到优化经济结构、发展多元经济上来，要树立改革与管理并重的观念，增强管理意识，完善管理手段。真正形成岗位靠竞争，收入靠贡献的激励机制。运用科学技术手段和方法，对水运企业进行发展，以增强企业活力，增加经济效益，加大人才引进，注重科技进步和人才培养，实现两个轮子推动行业发展。要以提高水运经济效益为中心，坚持以市场为导向，促进科技进步，对船舶运力结构进行战略性调整，实现船舶标准化，使运力向大、专、特、快方向发展，提高与其他运输方式竞争的能力，引导中小型水运企业向非国有化、民营化方向发展，形成多种所有制结构并存的经营格局。

第二节　发展现代水运

一、我国现代水运发展概述

随着经济结构战略性调整、产业结构调整日趋完善，我国水运发展需求日渐增加，对实现可持续发展具有重要意义和极大推动作用。

我国水运发展的特点是沿海港口和远洋运输发展较快，内河运输发展较缓慢。水运行业分析，2017 年，我国主要港口吞吐量为 313.09 亿吨，比 2016 年增长 2.75%，水运客运量和周转量分别完成 2.26 亿人和 155.8 亿人千米，分别比 2016 年下降 1.31% 和 2.97%；水运货运量完成 311.34 亿吨，货运周转量完成 19235 亿吨千米，比 2016 年分别下降 10.78% 和增长 7.68%。

2018 年上半年，我国完成货运量 232.1 亿吨，同比增长 6.9%，增速较一季度加快 0.6 个百分点。按方式看，铁路货运量保持较快增长，完成货运量 19.6 亿吨，同比增长 7.7%，占全社会比重达 8.4%，同比有所提高，铁路大宗物资运输优势进一步发挥，煤炭增量占总增量的 80% 左右；公路货运保持增长，完成货运量 179.8 亿吨，同比增长 7.7%，高速公路货车流量增长 9.7%；水路货运增速回升，完成货运量 32.7 亿吨，同比增长 2.5%，增速较一季度回升 2 个百分点；民航货运稳步增长，完成货运量 356 万吨，同比增长 6.4%；快递业务量持续高速增长，完成业务量 220.8 亿件，同比增长 27.5%。

预计在 2019 年，水路运输客运量、旅客周转量、货运量、货物周转量和沿海港口货物吞吐量年均增长 4.6%、5.6%、6.7%、6.6% 和 8%。2020 年，水路运输客运量、旅客周转量、货运量和货物周转量占各种运输方式总运量的比重将分别达到 1.1%、0.4%、11.8% 和 61.9%。沿海港口承担了 90% 左右外贸货物的进出境任务，并通过公路、铁路、内河、管道等多种运输方式的发展，不断延伸、扩大服务范围。

在“一带一路”倡议中，水运行业抢抓机遇“走出去”，服务于通道体系建设、服务于以互联互通为主要目标的沿路区域港口集疏运体系，提高海铁联运发展水平；继续举办多边、双边海运会谈，召开了中马港口联盟第二次会议，深化中马两国港口合作交流；完成 14 本水运工程标准外文版翻译工作，为水运行业相关企业“走出去”创造了条件。目前，我国港航企业已参与沿线 13 个国家 20 个港口的经营，开通了 31 条以港口为起点的跨境国际集装箱班列线路，继续实施中资“方便旗”船免税回国登记政策，推进“水上丝绸之路”建设。

2018 年 7 月，交通运输部印发《深入推进水运供给侧结构性改革行动方案（2018—2020 年）》，提出五个方面 19 项重点任务，明确“到 2020 年，水运供给侧结构性改革取得明显进展，转型升级取得实效，水运服务质量效率和行业治理能力显著提升”，勾画了新时期水运推进供给侧结构性改革的时间表和路线图。可以说，水运行业是经济发展的基石，未来我国将实现由海洋大国、水运大国向水运强国的转变。

二、我国水运行业发展趋势

水运在交通运输历史长河中一直占据着重要的位置。在我国水运所占的比重仅次于铁路和公路。现从三个方面了解水运行业发展趋势。

（一）水运行业发展趋势一：区域可持续化水运建设

随着西部大开发、中部崛起和振兴东北老工业基地等战略的实施，要求进一步发挥沿海地区在经济发展中的带动作用。一直以来，地方经济大发展离不开交通运输的繁荣，特别是在发展外向型经济、提高国际竞争力的同时，要更加积极地开拓国内市场，引导沿海地区企业到中西部地区开拓市场，利用运输通道把沿海外向型经济推向中西部地区，港口的枢纽作用将更加突出。

（二）水运行业发展趋势二：“一带一路”水运建设

“一带一路”作为我国首创的倡议，在我国打造东西海陆双向开放格局中将发挥重要推动作用。其中，丝绸之路经济带主要解决我国中西部地区向西开放的问题，通过加强中西部地区国际运输新通道的建设，开辟新的贸易运输通道，加速中西部地区的互联互通和要素的自由流动，融入我国乃至世界经济发展大格局中。目前，长江经济带沿线已经开通了渝新欧、蓉欧、湘欧、汉新欧、合新欧、苏满欧等国际货运铁路班列。一方面，随着开行班列日渐增多，班列运价日渐降低，目前渝新欧铁路班列运价已基本与水运持平，而货物运行时间上，渝新欧班列实际运行时间比从长江水运至上海再海运至欧洲节约 30 ～ 40 天；另一方面，“一带一路”陆上运输通道建设要求长江内河港口不断改善口岸环境，优化升级港口功能，包括多式联运功能、一类口岸功能、启运港退税功能等。

（三）水运行业发展趋势三：政策水运建设

2018 年 11 月，有关部门已经明确指出，我国将酝酿新一轮针对公路、水路、港口和码头的建设计划。这个计划包括沿海港口、内河港口航道以及交通运输枢纽等附属设施的建设。交通运输部指导行业也制定了分类的发展规划，2019 年着重考虑沿海港口中大型化、专业化的深水泊位码头以及具有基础性、公益性作用的一些重要港口、主要港口出海航道的建设。内河方面也将是国家支持的一个重点领域。除了港口以外，中央政府支持的主要还是考虑需求量比较大、运输比较繁忙的航道的扩充，也包括航道网全面的改造。未来我国水运业发展前景整体上还是很明朗的，政府全面支持运输比较繁忙的航道的扩充，也包括航道网全面的改造，预计到 2020 年有望实现水运业的现代化。

综上所述，我国水运将持续面临新的发展要求。未来发展综合交通运输系统是当代运输业发展的新趋势、新方向，预计未来几年我国水运总体呈现复苏态势。未来我国水运行业将向高效、安全、成本低等方向发展。

第三节　利用现代水运

新时期以来，我国政府对交通运输发展给予了充分肯定，“交通强国”被提到重要位置，也为水运事业发展提供了源源不竭的内生动力。现在整个交通系统正处在改革发展的关键时期，我们更要以改革创新的决心和勇气，始终坚持问题导向、目标导向，突出抓重点、补短板、强弱项，不断激发创造力和发展活力，实施创新驱动发展战略，推进供给侧结构性改革，构建畅通、高效、平安、绿色的现代水运交通体系，为建设“交通强国”助力。

一、利用水运，构建畅通、高效、平安、绿色的现代水运交通体系

（一）严格制度执行提升安全生产管理水平

交通运输安全是建设“交通强国”的基础和保障，对于水运工作来说，要“管好河，放好闸”，确保航道畅通，船舶安全，就更要绷紧安全之弦，进一步严格管理，提升安全生产管理水平。对照“不敢、不能、不想”的治腐经验，一是严格制度执行，让职工“不敢”违规。要按照“对隐患零容忍”的理念查隐患，查原因，实整改，严追责。要把财务、纪检、人员管理等方面的制度、纪律、要求再梳理、再修订、再完善，并提高制度规范的执行和考核力度。要严明纪律底线、法律红线，推进风险管理体系建设，严格对照安全责任清单，分责、尽责、担责，坚决遏制重大事故发生的可能。二是充分利用技术创新，让职工“不能”违规。如利用现代化科技手段，为设备设施管理平台设置二维码，实现值班、巡视检查、日常保养、设备设施故障维修记录内容在岗扫码上传。利用摄像头连接4G网络技术，让后台随时能够监控到实际情况，以规范工作人员行为，确保公平公正。三是强化职工安全责任意识，变“要我安全”为“我要安全”。进一步加强职工安全教育培训，坚持“安全学习日”制度，充分发挥“道德讲堂”和“党员先锋岗”向上向善的激励、教化和导向功能，深化责任意识和责任落实，从源头上破解安全管理难题，做好安全管理工作，提高安全管理水平。

（二）致力服务水平提升切实增强船民获得感、幸福感、安全感

新时代的主要矛盾尽管依然强调发展，但是发展的内容更加丰富，发展的要求更新更高，反映到水运交通方面，船民服务需求加速升级，对普惠均等、安全便捷、高效可靠、公平正义等方面的需求更趋强烈，个性化、多样化、高品质需求亦同步快速释放。要以推动化解水运服务发展不平衡不充分作为新时期工作的出发点、着力点和落脚点，切实增强船民的获得感、幸福感、安全感。一要进一步提升工作的使命感。我国政府强调“要把大运河统筹保护好、传承好、利用好”，陆永泉厅长在京杭运河苏北航务管理处“两保一强”专项行动督查时也强调，要深刻理解建好、管好、用好运河的必要性和紧迫性。要深刻理解管好河就是管理宝贵的发展资源，放好闸就是服务经济社会发展，切实增强职工作为“强富美高”新江苏的参与者、建设者的历史使命感和时代责任感。二要加速创新服务模式。随着经济社会快速发展，新一代信息技术与交通运输

深度融合发展的趋势日益明显，在“互联网+”行动计划、大数据战略以及“互联网+服务”等经济发展新常态下，船闸管理也要与时俱进，创新思路，充分运用大数据融合现代信息系统，将“互联网+水运”升级为“物联网+水运”“物联网+旅游”，推进服务转型升级。三要精准服务、拓展服务。船民是一个特殊的群体，也是一个非常辛苦的群体，是我们经济发展的重要因素，服务好船民就是服务好经济。所以，我们要更多地理解他们，做好服务功能的升级，不断扩大服务领域和增加服务内容，为他们提供更多的购销价格、货源信息和团购、代销、竞拍等方面的延伸服务，和生活、文化等方面的便民服务。只有心系船民，为船民提供更多有效的服务，才能体现好、树立好交通人的形象，切实增强船民的获得感、幸福感和安全感。

（三）深化供给侧结构性改革助力交通强国建设

进入新时代，我国社会主要矛盾已经转化为人民日益增长的美好生活需要和不平衡不充分的发展之间的矛盾。随着经济社会的发展，运输的货种在变，船民的需求也在变，我们要深刻领会新时代我国社会主要矛盾变化的动能与意义，切实把握好水运行业发展阶段变化和“交通强国”战略对深化供给侧结构性改革的新要求，聚焦重点，持续深化水运行业供给侧结构性改革。一是坚持在补短板、降成本、强服务等既定任务的深化上下功夫，加快推动港口转型升级、完善集疏运体系建设，创新研发生态环保的航道整治新技术、新工艺、新材料。二是进一步贯彻落实新发展理念，加快水运绿色发展步伐，将优环境、增动能作为重要着力点，继续深化“263”环境综合治理推进船舶与污染防治专项行动，加大清洁能源推广应用，用LNG、电力等清洁能源逐步取代污染严重的柴油，建设生态运河。三是深化和完善供给侧结构性改革的顶层设计，以习近平新时代中国特色社会主义思想为指引，全面贯彻落实党的十九大精神，着力优化供给结构、提高供给效率、提升供给品质、完善供给制度，为“交通强国”建设提供强大助力。

社会发展对水运发展提出了新期盼，构建现代综合交通运输体系对水运发展提出了新要求，航务人也在此发出自己的铿锵声音——咬定青山不放松，撸起袖子加油干，不忘初心，牢记使命，积极推进水运航务管理服务，重点实施生态环境整治、绿色低碳发展、科技创新、智力和人才引领等方案，把水运行业打造成功能强、服务强、科技强、智力强的现代化标杆，为建设“交通强国”助力。

二、利用水运，发展经济

（一）解决对水运经济重要性的认识问题

1. 可持续发展战略需要现代水运经济

水运是人类利用自然条件进行运输最成功的一项活动。它不破坏自然水系，占用资源少，能源消耗少，不影响水利和渔业等其他生产，建设过程中没有植被破坏、水土流失之虑。发展水运符合我国正推行的可持续发展战略，既能使经济实现可持续发展，同时又能保证生态环境可持续发展。

2. 运输结构的完善需要水运

从现代化交通运输结构看，主要有公路、铁路、水运、航空、管道。这五种运输方式各有其适用范围和优缺点。水运以其运量大、成本低、污染小而在国内中长途、国际远洋运输中发挥着重要作用。从全国近年的社会货运量构成来看，水运占前三位，在水网发达地区和沿海地区还要靠前。这说明水运在几种运输形式中有着很大的优势。

3. 健康发展的经济需要现代水运

这已被西方水运发达国家所证实。我国虽是发展中国家，但经济正在步入良性循环轨道，其他经济形式对水运经济的需求也越来越明显。如江苏省是经济发达省份，每年通过水运的货流达到 2.16 亿吨，对促进当地经济的发展发挥了很大作用。随着我国加入 WTO，经济发展必将迎来更大的机遇，外贸进出口业务必将要求提供更优良的水运条件，港口、航道基础设施投资一定会加大。可以预见，我国社会经济一旦进入高质量、快车道发展时，水运经济也一定会重发生机。

（二）规划好水运经济发展的战略框架

1. 构建适合现代水运经济发展的管理体制

目前水运经济管理体制各地都不统一，一定程度上牵制了水运经济的发展。笔者认为首先应加大中央、省级政府宏观管理、调控的力度。其次，水运经济发展可否按流域经济发展去进行规划，建立流域省份水运经济协调机构。再次，省级水运管理部门受政府委托将水运经济的发展计划落到实处，并履行执法职能，实行行业管理。复次，放松对水运企业经营的控制，让他们自主经营，自负盈亏。最后，完善服务体系。总之，建立符合现代水运经济发展要求的管理体制，充分发挥行业管理作用和法规、政策的调控作用。

2. 建立完善现代水运经济法规体系

废除不合时宜的法规条文，理顺与相关行业法规的关系。目前存在法规互相打架的情况，这主要是各地方利益驱使、政出多门造成的，应予清理。

我国已经加入世界贸易组织，因此在一些法律法规方面应及时调整不适宜的部分。从目前情况看，主要还是一些水运服务方面的法规应予调整。尽快出台航道法、港口法，以及令人牵肠挂肚的费改税有关政策、法规等。无法可依，一定程度上损害了水运经济的健康发展。

3. 打好培育水运发展人才的基础

水运发展人才包括宏观经济管理人才、水运基础设施建设管理人才、水运企业管理人才、能够通晓国际准则的水运商务人才、法律人才、信息化人才等。在人才培养方面，要着眼将来、重视发展，逐步培养和引进。

4. 完善现代水运的服务体系

水运经济本质上是服务经济。在水运经济发展中，理顺政府职能部门关系是至关重要的。要形成两个社会性咨询代理机构，即水运基础建设咨询机构和水路运输代理机构。水运基础建设咨询机构能提供水运基础设施建设的近期规划及长远规划，水运建设项目的决策咨询、建设咨询，水运项目建成后经济评价等。水路运输代理机构要包括国内代理和国际代理两部分，负责船舶安排、水陆运输衔接、港口装卸及仓储、进出口报关等。这两个机构在发展水运经济中地位是很突出的，也是服务的关键，其工作内容基本上涵盖了水运经济的全部。通过优质的服务，提高水运基础设施的投入产出比，能够促进物流流向水路，从而带动水运及其相关行业的发展。

三、传统水运向现代服务业转型

水路货物运输是传统交通运输产业之一，当前在加快水路货物运输向现代服务业转型中，面临着良好的发展机遇和严峻的市场挑战，需要超前研究和及时解决存在的矛盾和问题，以加快推进传统水运业向现代服务业转变。

（一）机遇和挑战

水路货物运输具有十分突出的服务属性，水路货物运输提供的生产性服务，贯穿于社会生产、流通领域的整个过程，面向国民经济的所有生产部门，是与国民经济其他生产部门关联度最高的产业之一；与此同时，水路货物运输提供的是消费性服务、服务对象涵盖所有社会群体和个体，与人民群众的生活息相关，是惠及千家万户的普遍性服务。因此，水路货运服务属性的本质特征就决定了其必须向现代服务业转型。

1. 面临三大发展机遇

一是国家政策扶持的机遇。近年来，现代服务业的重要性日渐凸显，随着科学技术和经济全球化的迅猛发展，现代服务业在世界各国尤其是发达国家已发展到了空前的水平。据统计，2015 年世界服务业平均占 GDP 的比重为 62%，其中 34 个低收入国家平均水平为 43.5%，48 个中等收入国家为 52%，22 个高收入国家为 65%。国家已把优先发展现代服务业作为拉动国内消费需求、转变经济增长方式、增加就业人口的重要途径。发展现代服务业成为当前和今后较长时间拉动中国经济发展的重要增长点。近期，国家制定的《国民经济和社会发展第十三个五年规划纲要》中，把交通运输定位为服务业，并作为现代服务业中优先发展的领域，为传统水路货运向现代服务业转变提供了政策鼓励。

二是产业转型发展的机遇。发达国家已经把经济发展的重心转向服务业，全球产业结构呈现出由“工业型经济”向“服务型经济”转型的趋势。这不仅要发展国内便捷的交通服务业，而且要积极发展现代物流业，加快建设连接全球服务系统的运输网络。因中国产业转型带来的巨大的物流潜能市场，为水路货运提供了充足的货源基础。

三是货运稳步增长的机遇。目前，我国水路货运增长形成良好的基础。近年来，我国加快了水运发展步伐，水路货物运输市场得到蓬勃发展，水路货物运输在综合运输体系中的地位得到明显提高。在过去五年，我国水路货运量、货运周转量在综合运输中的比重分别达到 11.5% 和 61.4%。水路货运呈现稳定和健康的发展态势。

2. 面临三大挑战

一是新观念转换的挑战。现代服务业是一个正在探索发展的新兴产业，现代服务业又被称为新兴第三产业，一般包括金融保险业、旅游业、物流业、房地产业、信息服务业以及社区服务业等，是现代经济的重要组成部分，随着中国加入世界贸易组织的不断深入，我国的服务业正在由传统产业向现代产业迈进，将在更大的范围，以更深的层次融入经济全球化浪潮之中。而对传统水路货运来讲，长期处在发展的瓶颈状态，比较重视增量投入而轻于服务创新。摆在水路货运面前，如何由传统产业向现代服务业转型的问题还没有真正破解，水路货运将面临很多新的观念挑战，转型的内容、方式和途径等新的课题还有待研究和探索解决。

二是外部设施环境的挑战。近年来国家加大了水运基础设施建设，数据显示，2016 年全国沿海港口新扩建泊位 252 个，其中万吨级深水泊位 144 个，新增吞吐能力 4.95 亿吨。内河港口新增吞吐能力 6720 万吨，改善内河航道里程 521 千米。但是，由于多年欠账，长期以来水运基础设施建设严重滞后，尤其是内河航道整治工程仍然很艰巨，地方港口码头规模小、设施落后，水运安全保障体系还有待完善。对现有设施的综合利用效率和提高服务水平关注不够。尤其是资源环境对发展提出的要求越来越高，对水路货运转型发展提出了新的更高要求。

三是水运企业调整升级的挑战。从整个水路货运企业看，与现代服务业的规范要求还存有较大的差距。除中远、中海集团等中央企业外，大多数水路货运企业经营管理起点较低，物流基础薄弱，服务层次较低，不具备承接大批量货物运输、特种货物运输等方面的能力，市场竞争能力相对不强。尤其是内河货运运力配置不合理，船舶老旧，技术落后，营运船舶大部分为小吨位散货驳船，大吨位集装箱船、大型油轮、液化气船和化学品船运力不足，很大程度上还满足不了货主的安全、便捷、高效及个性化的需求。调整水路货运结构，适应转型发展，提升水运企业集约化、规模化水平，已提到议事日程。

（二）主要对策

1. 向货运物流化转变

向货运物流化转变，是传统水路货运向现代服务业转型的主要内容。当今占世界贸易总值 90% 的商品在国际流通当中，都是通过水运实现的。水路货运作为第三方物流，要加快货运物流化转变步伐，通过江海中转，多式联运，连接国内、国外两个货运物流市场。尤其是内河运输要向海运、国际化运输发展，建立和完善远洋一程运输、沿海二程运输、内河三程运输的江、河、海、洋组合一体化系统。重点发展金属矿石、煤炭、建材、商品车、原油、集装箱、化学品、农产品等大宗和特种运输，以及门到门送达服务，实现由国际、国内与沿江沿河港口及周边城市的货物中转运输，满足不同货主的个性化需求。

建立畅通的水路货运现代物流综合体系，以水运为龙头，发展江海联运、向港口装卸、仓储、包装和配送，陆路和航空运输组合，货运代理、虚拟交易，物流信息服务方面等延伸，致力于第三方物流的价值创造和挖掘，并向货主提供物流供应链整合设计和物流解决方案等综合物流增值服务，为货主创造新的经济价值。

2. 建立货运信息网络

货运信息化是发展现代服务业的重要形式和手段。与传统服务业相比，现代服务业呈现出技术化、标准化、国际化的特征。信息作为货运企业稀缺的生产要素，它的功能的最大限度发挥主要依赖于成功的网络管理系统。积极运用现代营销方式、信息技术和管理手段改造传统服务业，重点是优先发展技术含量高、关联性大的货运物流业务，并注意与综合交通体系的交叉与融合，促进信息化建设。

目前以有线网络与无线网络为依托，建立货运信息管理系统、办公自动化系统和物流电子交易平台，形成完善、高效的全球货运信息网，提高市场预测调控能力。在此基础上，不断提高电子信息整体的效率和质量，保持实时监控信息畅通。加快信息技术对水运市场最新动态的跟踪，及时把握水运市场的发展演变趋势，迎击瞬间而至的市场挑战，增强水路货运竞争力。

3. 提升水运企业品质

水运货运企业应拓宽思路，改变过去陈旧的经营模式，树立全新经营理念，充分利用内外部，尤其是国际上的各种资源，发展国际化运输，扩大国内外揽货营销网络，积极培养企业管理人员掌握国际经济、法律、贸易实务、国际水运管理及有关专业技术知识。企业按照国际化标准管理和经营企业，实行国际通用的管理标准、模式和做法，提高专业化服务水平，为集装箱、液化品、危险品、散装品等专业性较强的货主提供服务，成为现代专业化的物流服务公司。

目前水运货运企业中以小型企业为主，各企业发展不均衡，呈现市场竞争水平较低的状况。要充分发挥骨干水运企业的示范带头作用，通过他们率先实现向现代服务业转型，带动传统水运业快速发展。

4. 争取政策支持

水运产业要积极争取政府管理职能部门的支持和宏观引导。争取使他们转换管理理念、管理模式，为水路货运发展提供服务。第一，政府要加强分析研究和长期规划引导，调整和优化产业结构，制订水路货运发展中长期规划和战略。第二，政府要制定产业发展政策，并进行制度创新，消除现代服务业发展的体制性障碍，建立有利于市场公平竞争和资源优化配置的运行机制。第三，加快基础设施建设，发挥水路货运的比较优势，以推动水路货运结构优化。第四，促进产业之间的合作，进行资金、资源、技术和人才联合，促进水路货运转型加速发展。

四、“交通强国”对水运行业的希望

一是希望水运行业抓住交通强国建设的重大机遇，加快水运行业在综合交通建设中的深度融合进程，使其发挥更好、更优、更强的支撑作用。

二是希望水运行业抓住全球性调整的战略机遇，加快国际化的进程，加固发展中的底板，拔高发展中的长板，补足发展中的短板，牢固树立中国特色的发展理念，加大国际海事人才培养力度，稳步扩大我国水运在世界海运业的影响力、带动力和竞争力。

三是希望水运行业抓住科技革命的转化机遇，加快培养行业领军人才，抢占科技发展的制高点，注重基础性研究，鼓励探索和创新，不断发展水运生产力，不断提升产学研用的融合能力，为行业的可持续发展不断积聚力量。

四是希望水运行业抓住国际海员队伍结构调整的难得机遇，加快完善海员职业政策，提高海员的福利待遇，保障海员的权益，鼓励更多的年轻人从事航海职业，提高海员劳务在国家服务贸易中的比重，为扩大就业增加新路径。

五是希望水运行业抓住平安交通建设的关键时期，不断提升水上安全保障能力，积极参与国际合作，重视海上风险的防控管理，使装备建设与治理能力相统一，参与国际海事开放合作与强化内部管理相统筹，确保海上人命安全和环境安全，为海洋强国建设提供可靠保障。

第二章　现代水运建设与运营管理

第一节　水运工程建设概述

一、我国水运工程建设简介

（一）我国水运工程建设发展概况

水运是现代交通运输系统中一个重要的子系统，具有运力大、占地少、投资省、成本低、见效快等优势。加快水运工程建设，发展水运事业，对我国的社会主义现代化建设及更好地融入国际经济循环网络，具有极其重要的意义。

进入20世纪80年代，随着改革开放政策的确立，我国国民经济持续、快速、健康地发展，水运工程建设进入了一个全新的蓬勃发展时期，取得了前所未有的成就。主要表现在：水运工程建设投资大幅度增加，投资渠道呈现多元化格局；建成了一大批深水泊位，开辟了一些新港区；建成了一批大型高效率的专业化码头；内河水运建设在保持通航里程的同时，在重点建设水运的主通道——长江干线、西江、京杭运河苏南段等骨干航道，改善产业密集区和重点经济区航道的通航条件方面，取得了很大的成绩；水运工程建设在广泛采用和推广新技术、新材料、新工艺方面，也取得了丰硕的成果。

21世纪是我国全面建设小康社会，加快推进现代化建设的新阶段。面对经济全球化趋势进一步加强、科技进步明显加快、产业结构调整日趋完善、国际竞争更加激烈的新形势，我国经济和社会发展进入了经济结构战略性调整的重要时期。这一时期也是进一步完善中国特色社会主义市场经济体制和扩大开放的重要时期，将进一步提升对港口建设的需求，从而对水运工程建设发展理念与建设技术提出了新的、更高的要求。有关数据显示，21世纪以来，全国沿海港口总吞吐能力均约增加 20 亿吨，2011 年我国内河航道通过能力比 2001 年提高 49%，2020 年将比 2011 年再翻一番。

（二）我国水运工程建设的程序

水运工程项目具有与其他工程项目共同的建设程序。概括起来其主要步骤分为项目决策和项目实施两个阶段。项目决策包括根据国家长远规划、地区规划和水运行业规划进行规划选点，编制项目建议书；进行勘测、实验和各种项目建设方案的可行性研究，论证技术上的可行性和经济上的合理性，编制可行性研究报告；进行项目评估，完成项目决策。项目实施阶段包括初步设计及概算（审查批准后列入年度基本建设计划）；技术设计及修正概算（当工程复杂时）；施工图设计及预算；工程项目施工招投标，项目报建及项目施工；生产准备；竣工验收交付使用；保修期结束。

二、水运工程监理简介

我国目前水运工程监理主要集中在施工阶段，主要内容包括质量控制、费用控制、进度控制、安全管理、合同管理、信息管理和组织协调，即“三控、三管、一协调”。而风险管理和目标控制贯穿于水运工程监理工作的全过程。

（一）水运工程监理的要点分析

在我国人们的生活质量水平越来越高，水运工程的发展具有良好的态势。所以加强水运工程的监理工作是非常必要而重要的工作。

1. 施工准备阶段监理要点

做好水运工程的监理工作，最根本的阶段就是施工准备阶段，这也是要必须经过指导的阶段。当然在施工准备阶段需要做的工作很多，其中最为重要的工作就是审查施工的组织设计。

在水运工程中其施工组织的设计就是对水运工程进行的整体规划以及在工程施工中运用的所有方法的设计。主要有进场计划（设备、材料以及相关人员等），占用场地的计划，工程的整体进度计划，员工适用岗位的安排计划，施工方式，工艺计划，用电以及用水计划，费用预算，质量检测计划，员工岗位安排计划等。水运工程实施中还需要进行招投标，一般在投标中相关的计划都做得较为完善，如在施工工艺、进度、施工方式以及相关的质量检测等，做好这些，有利于其良性竞争。对此工程师要了解清楚，对于施工的整个组织设计都要进行审查，注意整个过程都要严格。这是非常考验监理工程师的工作。在监理工作中要加强对于设备、材料以及人员的数量以及相关的质量要求是否满足，承包人在承包工程后的准备情况如何以及航行通告是否已经办理等方面的工作。另外，工程师最为重要的工作就是测量基线的验收工作，对于承包人在需要测量的控制点上是否已经做好布置以及水准点的布置工作是否完成，这都是要在审核前完成的，在验收成果时要做好各方面工作，只有当每一项的指标达到标准以后，才能给予承包人签字确认。

2. 初级阶段监理要点

水运工程开工后，为了在施工管理上使之更加科学合理，作为水运的监理工程师就要做好整个工程的监理准备工作，确保其技术资料满足标准要求。在初期，监理人员就应该结合自身的工作经验，制定出对应技术资料的标准、格式，这些资料主要包括：在施工中监理巡视时承包人要填写的各种表格等，这有利于工程的规范化管理。所以平时在监理工作中监理人员就应该根据实际要求而去制作对应的表格，对于之前使用过的报表可以进行一定改进。当工程在进行中时，监理人员应该重视对一些内容的积累与搜集，这样有利于承包人在工程竣工后出具一份非常关键的清单。对于整个工程的监理工作，为了规范化管理就要重视资料收集的工作。

3. 水运工程施工监理实践策略

（1）完善制度建设

在水运工程中没有一套完善的制度是不行的，只有建立了相关的管理制度，在监理工作中才可以做到按照制度进行，有利于更好地开展工作。监理人员需要做好工地会议记录，记好监理日记，加强现场中的检查工作，做好技术的交底工作，落实好岗位的职责问题，并做好信息的反馈和跟踪。在制度制定后要加大执行力度，对于工程的质量目标做到心中有数，掌握工程的技术难点问题以及重点。

（2）熟悉各项其他工程合同文件

作为监理工程师在实际的工作中就应该熟悉各项工程合同文件，如分包合同、施工合同、监理合同、检测合同和其他相关的合同等。有时候由于工程师并没有加强学习相关的文件内容，而且不重视合同，给投资控制带来影响。所以作为监理工程师，应该加强合同意识，而且针对相关的注意事项以及条款都要重视掌握，维持协调好工程中各方的关系，实现其投资控制的目标。

（3）坚持按照建设程序监理

由于在工程建设中要遵循客观的规律就包括建设程序，因而工程建设的各方就要参考其程序。监理以及施工建设都需要根据程序进行，按照原有的计划完成既定的进度目标，实现质量上的提升。目前来看，对于规模较小的承包商监理人员无法监理到，这给监理人工作增加了难度，监理人员需要做很多工作，比如关于承包商的管理技术人员，可以对其进行管理、监理相关知识的培训；对于规模较大的承包商，其已经质量体系认证，其自身就会按照一定的程序进行。在监理工作中，开工的申请批准程序、分项工程验收程序、进场材料设备验收程序、工程变更审批程序以及最后的竣工验收程序都是必经的程序。

（4）加强质量监理

在工程质量监理中，水运监理工程师要将重点放在对原材料的监理上，要对原材料进行试验，确保原材料能够满足施工要求。监理人员要不定期对进场的原料进行随机抽样检查，根据检查结果，选择质量高的生产厂家，确保工程原材料质量。作为水运工程的监理人员，施工监理过程中，一定要做好试验数据的记录与监测工作，建立检测数据库。一方面为了确保原材料的质量就要加强监理工作，做好试验。另一方面，原材料在进场前就要进行抽样检查，而且要不定期地进行，一定要选择性价比高而且质量品质好的厂家提供的材料。

（二）“智能监理”理念在水运工程施工中的应用模式

与其他基础设施建设项目相比，水运工程建设项目具有如下特点：施工期较长，施工环境恶劣，而且大多属于野外作业和水上作业，受地形、地质、气候影响极大，安全隐患多；涉及大量水下施工，隐蔽工程较多。工程建设规模不断扩大，工艺流程越来越复杂，如何对施工现场进行科学管理、降低事故发生率、提高工程质量、保障工程进度，一直是工程监理机构、施工企业和政府管理部门关注的焦点。而水运监理工作受到监理经费不足、人员流动性大、人员专业管理能力不足、人力成本上升等因素制约易陷入恶性循环，使监理人员逐渐沦为监工。在实际应用中急需通过信息化、智能化手段提高监理人员的管理水平，降低人力成本，使监理工作获得可持续发展。

随着信息技术的发展，尤其是在“互联网+”“大数据”“物联网”等先进技术的引领下，传统行业与互联网技术的结合进入了一个快速发展的时期。监理行业作为传统的基础建设行业，应借力现代互联网技术实现转型发展。

水运工程施工智能管理一体化解决方案就是充分利用现代化互联网技术，引入“互联网+监理”的思想，将工程监理这一传统行业与现代互联网技术相结合，能有效提高监理工作的工作效率和监管水平，具有重要的实际意义和研究价值。

1. 施工监管模式存在的问题

①工程质量安全主管单位及部门对工程质量安全关注度极高，希望在各项水运工程中切实落实好各项质量安全管理制度，严格执行规范，确保不出现任何质量安全事故隐患，对工程进展时刻保持高度关注。然而，长期以来质量安全管理模式粗放、模糊、主观性强，以大量的纸质资料检查及人员巡查为主要手段，管理模式流于形式，监管效能低，相关部门对工程质量安全的高关注度与实际监管手段的匮乏形成了巨大的反差。

②建设单位对工程质量安全关注度极高，希望施工企业在工程中切实落实好各项质量安全管理制度，严格执行有关规范，确保不出现任何质量安全事故隐患，使工程保质保量按时完成，对工程进展也要时刻高度关注。但实际工作中建设单位除了委托第三方（如施工监理单位）对施工企业进行管理外无其他手段，主要通过监理单位将各项意见传达给施工方，建设单位不能全面了解施工过程质量安全状况，因而对于监理单位的督促管理很重视。

③施工单位是质量安全责任的主要承担方，将承担 100% 的法律责任，须严格执行相关质量安全的各种规范、制度、规则。施工单位面临着施工过程中主管单位或部门对其质量安全责任的各种检查，并希望在不影响施工进度的前提下，尽量满足监理单位对工程质量安全的细节要求，确保工程按时顺利完成。施工过程中工程质量安全主要由工程监理单位监管，施工单位的施工能力与技术实力参差不齐，自我管控能力较弱，存在作弊行为。

2. “智能监理”应用模式

（1）三大支撑体系

三大支撑体系主要包括三个部分：①水运工程施工质量安全智能监理系统；②水运工程施工质量安全监理服务；③水运工程项目施工监管平台。

（2）六大核心价值

监理的六大核心价值包括：①监管行为标准化。固化工程施工过程规范化行为，减少人为的主观性失误，降低质量安全事故隐患发生概率。②监管手段智能化。转变传统的人力密集型的监管模式，运用现代信息技术完善和丰富监管手段，提高监管效率，降低人员成本。③监管目标数据化。摆脱过去完全依赖纸质资料文字描述对监管环节的记录与追溯，将重要的监管环节以更客观精确的数据方式记录留存下来。④监管过程透明化。通过网络传输实现实时监控和多平台数据共享，数据真实可信，人为补充修改内容大幅减少。⑤监管模式高效化。读取数据替代查询纸质资料，平台远程监控替代人员巡视，降低了监管成本，提高了监管效能。⑥监理服务精细化。以客户利益为生存之本，想客户之所想，以技术手段把控细节，提升服务质量。

（3）“智能监理”应用模式的功能

1）水运工程施工质量安全智能监管系统

水运工程施工质量安全智能监管系统由前端硬件传感器（数据、测量）、视觉信息采集（照片、视频）、文字记录、BIM 技术与后端软件管理界面高度集成。其运行规则以《水运工程施工监理规范》为依据，以施工进度为进程，严格依据《水运工程施工监理规范》条款指导日常监理行为。

该系统由工程施工现场监理人员日常使用，将现有监理工作流程完全与系统整合，使所有数据、视频、图像、日志、报告均由系统记录、存储、查询等，实现施工全过程监管。

2）水运工程施工质量安全监管服务

水运工程施工质量安全监管服务由专业监理工程师撰写分析报告及现场监管工作组成，在系统内可随时查询，包括工程关键环节监管报告、工程进度阶段成果监管报告、工程全部结束后监管报告、质量安全分析报告以及施工关键环节技术性疑难问题解决方案等，服务中的内容一部分体现在系统中，一部分推送给平台，服务可于工程开工前先期介入，为责任方提供咨询服务，为工程质量安全方面的工作提供指导。

任何电子设备或软件系统都不能完全替代人，人起到的作用是提炼、分析、总结、决策。系统与平台的搭建只是将原有的管理碎片整合成一套可观测可衡量的系统框架，它们的作用是固化了监管模式，将人员从传统监理模式中技术含量较低的工作中解放出来，减少低端技术人员数量，充分利用资深监理工程师的经验及专业知识创造更大的价值。

3）水运工程项目施工监管平台

水运工程项目施工监管平台是一套桌面管理软件，平台内可管理一个或多个系统，由系统采集的现场数据经汇总加工后传输到平台。以工程阶段汇总数据为基础，专业监理技术人员对其加以分析总结，整合成便于监管部门查阅的各类质量安全监管报告或表格。

平台由监管单位及相关部门使用，通过平台他们可随时了解下属各个工程项目施工过程中的质量安全关键数据及质量安全分析报告，随时评估风险，下达改善及处理意见。通过平台可对施工过程阶段结果进行监管，忽略日常监管行为。

（4）“智能监理”应用模式的实施原则

1）更新推广理念

将“智能监理”理念推广至水运工程行业内的每一关联责任方，尤其是监管单位及部门，使全行业认识到“智能监理”的应用模式对水运工程施工全过程监管模式的重要影响。

2）分阶段实施

一体化解决方案涉及的内容较为复杂，创新性内容所占比重较大，不能一步到位，因此要分阶段进行，在第一阶段就将整体模式展现出来。

3）研用同步推进

研发推进与应用模式的推广工作同步进行，当研发告一段落能够达到应用标准后，即开始选择示范项目推广应用，在应用中逐步解决问题，探索最贴近实际需求的模式。

4）人员培训与储备

在建立起示范项目后，从其他项目上抽调人员到示范项目现场培训，并在项目的招人用人上有针对性地调整人员结构，使其能够适应未来的项目应用环境。

5）新模式催生新管理

监理单位要在条件成熟的时候调整能够适应新模式的组织结构与经营思路，可联合有研发力量的科技企业共同开发，并以产品的形式在行业内推广，拓展更广阔的应用空间。

以水运工程施工质量安全智能监管系统为核心，以信息智能技术为手段，以《水运工程施工监理规范》为依据，以 BIM 技术为基础，以专业监理技术人员为灵魂，将所有关联责任方通过系统平台整合在一起，形成一套水运工程施工智能管理一体化解决方案，充分体现各关联责任方的核心诉求，维护各方利益，将原有碎片化的质量安全管理方式系统整合，实现有法可依、有据可查、客观真实、执行性强、过程监管、公开透明、实时纠错、全程覆盖，由此引发传统水运工程施工质量安全监管模式的变革，实现水运工程施工全过程监管，引领水运工程建设行业的进步，创建水运工程管理行业的新标准。

三、水运工程建设质量管理

近年来，我国水运工程建设获得了一定的成就，但是以发展的眼光来看，我国水运工程建设仍然存在着一些需要改进的地方，因此想要保证其长久稳定地发展，就要对质量管理给予重点关注，加大对水运工程建设质量的管理力度，确保在每个工作环节中能够使质量管理得到有效落实。

（一）水运工程建设质量管理的要求

水运工程因其自身工作环境的特殊性，非常容易受到自然环境的影响，在施工过程中遇到恶劣的天气，如风浪、潮汐等，就必须停止施工，所以水运工程建设工作常常会出现工期延误等情况。这就需要在水运工程建设的过程中，对当地的实际天气情况以及自然环境进行深入了解，并以此为依据来对工期进行预测。另外，水运工程建设因其自身的特殊性，一般对技术水平等有着较高的要求。所以在工程建设前期直至建设施工过程中，都必须要制定设计、前期准备、施工等各阶段技术方面的相关规定，这也是确保工程质量的关键所在。

（二）水运工程建设过程中的质量管理问题

虽然我国针对水运工程建设质量建立了较为完善的管理体系，并且质量管理水平也有了明显的提高，但是管理过程中的一些问题仍然会对水运工程建设质量造成一定的影响，主要包括以下几点：

第一，在对水运工程项目进行管理时，缺乏一定的均衡性，对整体工程的建设规模以及在投资方面把控不到位，同时在工程建设过程中，出现工期延误等情况时也并没有采取针对性的措施来进行解决。同时，某些项目在建设管理方面缺乏一定的经验，尤其是技术方面的管理力度薄弱，因此极容易给整个水运工程的建设埋下一定的安全隐患。

第二，负责整个水运工程建设的施工单位内部管理人员变动较大，对于中标后的工程施工单位、监理单位、设计单位没有行之有效的监管手段，所以对上述单位在工程建设过程中是否能够履行应尽义务无法进行有效控制。

第三，针对部分项目进行设计的人员变动频繁，并且没有办理相关的变更手续。对整个工程建设进行设计时没有对项目进行深入了解与分析，设计过程不够仔细全面，导致设计的质量还有待提高。

第四，对整个建设项目进行监理的人员变动也较为频繁，而且监理人员素质与投标所承诺的有一定差距，甚至部分人员没有获得相关的监理工作证件，因此其监理能力并不高，这也就导致后期制定的关于监理过程中具体实施细则中的内容缺乏完善性与针对性；同时由于监理人员工作能力有限，所以在水运工程建设过程中监理人员对一些监理工作资料无法进行清晰的整理，从而影响后期建设工作的进行。

（三）提高水运工程建设质量管理的具体应用措施

第一，建设单位要以业内管理文件为依据，来开展水运工程建设管理工作。将其落实到建设现场、人员配置等工作当中，同时建设过程中应当对规章制度进行不断完善，从而对整个项目建设工作起到一定的约束作用，加快水运工程的建设步伐。在建设过程中落实规章制度时，还要针对中标后各单位履约能力制定行之有效的控制办法，以此来对其进行约束与管理，从而确保参与工程建设的各单位能够履行标书中的承诺，提高整个水运工程的建设质量。

第二，水运工程项目质量的好坏直接受建设单位的直接管理，因此建设单位应重视自身的职责所在，将参与建设的各部门召集到一起，并在项目开工前对整体设计方案、建设施工方案进行严格的把控。在工程建设过程中，还要注意及时跟进，以便及时发现建设过程中的问题所在，有效减少各类问题出现的频率。另外，建设单位内部还要不定期组织相关人员对参与工程建设的各部门进行随机检查，确保各部门工作的有效落实。

第三，对工程项目进行设计的单位要以相关法律为依据，以项目实际情况以及实际需求为基础，对项目进行深入分析与研究，并制定科学合理的设计方案，从而提升整个水运工程的设计质量。要对现有的设计方案审查制度进行完善，并采用逐级审查的方式做好各项审查工作。同时整个项目的管理人员以及设计人员必须严格按照合同要求履行自身职责，在进行必要的人员调整时要及时办理相关的人员变更手续。

第四，负责水运工程监理工作的单位要以制定的监理合同以及工程建设过程中的规范要求来行使自己的工作职责，秉持对工程建设负责的态度，对监理人员进行合理配置。在建设施工现场，要制定一定的考勤制度，来对监理人员进行规范与约束，从而提升监理工作的效率。

综上所述，在水运工程建设质量管理方面还存在着一些不足之处，因此相关建设单位要正视自身工作中的问题，及时对管理方式进行完善，有效提升整个水运工程的建设质量，进而推动水运工程建设行业又快又好发展。

四、加强水运工程建设管理的途径

（一）加强组织机构管理

组织机构管理可以说是水运工程建设管理工作的核心内容和重点内容。加强组织机构管理，可以更好地发挥水运工程建设管理的功能，提升整体的管理水平，实现工程建设管理的目的。完善组织机构管理则是保证各项管理工作得以开展和实施的前提。因此，加强组织机构管理，确保水运工程各建设项目有着良好的生产效率和质量，让项目经理可以有效地指挥各项工程建设，协调各部门的工作，及时处理和有效应对出现的问题，保证组织机构高速运转，可以确保各项管理要求可落到实处，确保各项工程的质量。

（二）加强质量管理体系建设

1. 建设质量管理体系

建设质量管理部门以及质量管理体系，确保质量管理可以落实到各工作细节上，加强日常工作的监督和控制。具体的措施有设定质量管理的控制标准，结合实际情况确定质量管理的各项标准以及工程验收标准；加强日常的监督检查，采取人员自我检查、互相检查以及进行专项检查验收等，让工程的质量得到保证。

2. 施工环境的管理

水运工程建设会受到诸多环境要素的影响，例如，天气因素、现场施工条件、施工技术环境等。在水运工程建设过程中，应该做好施工环境的管理，控制各项可控的环境因素，评估可能遇到的环境因素的影响，做出应对方案；加强施工控制，避免出现违规操作的情况；合理放置施工材料，保证现场施工不受影响。通过对施工环境的有效管理和控制，保证水运工程的正常施工。

3. 设备、材料和人员的管理

设备、材料和人员对于水运工程建设质量有着直接的影响。

设备方面，由于水运工程施工需要使用到大量的机械设备，辅助施工活动，而工程施工对设备的型号、规格、操作等有着严格的要求，只有保证设备有着良好的工作性能，才能保证施工活动的正常进行。

材料方面。严格施工材料的把控，进入施工场所的材料，必须满足施工的要求，有着良好的质量。做好材料的抽查和验收，不合格的材料退回，保证材料质量是保证工程质量的基础。合理地存放材料，不同材料有着不同的存放要求，合理保存材料，避免材料性能受到外界因素影响而降低。

人员方面。每位施工人员都必须严格按照施工要求和操作规范进行施工，要有良好的安全意识和质量意识，做好施工人员上岗前的培训，保证人员有着良好的施工水平。严格施工责任制，细化岗位责任，每项施工工序要有专门的责任人，加强施工检查，提升人员的责任意识，保证水运工程的施工质量。

4. 施工工序的管理

施工工序管理的重点内容包括：严格遵循水运工程施工的具体工艺流程，所有的施工操作必须保证规范；严格控制施工的设备、材料、施工方法等；做好施工检查，相关人员必须实施检查施工工作，实现动态的管理；明确施工工序的关键控制点：施工过程中，加强对施工工序关键控制点的管理，保证各项工作处于监督和控制中。

（三）加强成本管理

成本管理和质量管理是水运工程建设管理的重要内容。成本管理是衡量工程管理水平以及保证工程有良好经济效益的重要方面。成本管理工作可以从以下方面展开。

1. 明确成本责任制

建设成本控制的责任体系，成立专门的组织和部门进行工程成本的管理，并监督工程各项目建设的支出，评估资金的使用效果，针对成本浪费的情况给予监管和惩治。实行成本责任制，将成本控制的工作落到实处。围绕项目经理建设成本控制体系，作为项目的负责人，项目经理需要及时了解工程项目的情况，并将成本控制的工作内容进一步细化，明确到各部门、各责任人，这样可以提升人员的成本意识，使其自觉地做好成本的控制，保证成本管理的水平。

2. 制订具体的成本控制措施

编制工程预算时，需要考虑到工程的施工工序、技术方法、人员等，将成本控制细化到各方面，要具体到某项工作内容的成本控制，明确各工序如何进行成本控制。

3. 做好成本控制

做好设备租赁、材料等相关成本的控制，既要控制好成本价格，也要满足工程质量需求。

（四）加强安全管理

1. 建立健全安全管理制度

建立安全管理制度，形成安全管理体系，成立专门的安全管理部门，由专门的人员负责安全管理工程，加大对水运工程的施工情况检查的力度，排除存在的安全隐患。

2. 提高安全意识

提升相关部门以及施工人员的安全意识，做好安全预案，意识到安全管理的必要性，提升安全意识，保证工程顺利施工。具体的措施有，加强人员培训，包括管理人员和施工人员，对其进行定期培训，提升安全管理的专业性。也可通过外部人才引入的方式，引进具备高综合素质的安全管理人员。

3. 加强现场环境的检查

如检查是否存在易燃易爆的物品、是否设置了危险警告标志，观察气候的变化，是否出现暴雨或者大风的情况等，只有这样才能保证施工环境的安全，才能确保工程可以顺利地开展。

（五）加强进度管理

进度管理是水运工程建设管理的一项重要内容。工程建设之前，根据之前的设计统计出工程施工的工作量，确定工程的工期。工程进度管理则是对工程工期的管理，在实际工作中，工期延误的情况经常出现，进而增加施工的成本，甚至会支付一定的违约金。因此，必须加强工程的进度管理工作。根据不同的施工技术和要求，将施工工期进行划分，细化到每一施工阶段，这样可以实现对施工进度的阶段化控制，保证工程的整体进度。

除去施工工期的阶段化划分外，进度管理还包括对材料和设备的供应以及施工款项及时到位的管理等。材料和设备是工程施工必不可少的要素，必须保证材料和设备的及时供应，避免出现材料不足、过剩或者设备未及时到位、故障频发等情况，这些都会影响到正常施工。工程款项及时地供给，为工程开展提供资金保障和支持。

综上所述，水运工程建设对于经济发展有着很好的促进作用，但是由于水运工程所处的地理位置比较特殊，导致工程建设施工比较复杂，难度比较大。影响水运工程建设质量的因素包括：材料设备因素、人员因素以及自然环境因素等。为了加强水运工程建设管理，提升管理水平，可以从以下方面出发：完善组织机构、加强质量管理、加强安全管理、加强成本环境管理、加强施工环境管理以及加强进度管理等，从组织、质量、安全、环境、成本、进度等几个方面采取措施确保水运工程的顺利实施。

第二节 水运行业运营与管理

一、我国水运行业运营管理体制概述

（一）我国水运管理体制的历史演变

我国现行的水运管理体制是在计划经济条件下逐步形成的。新中国成立初期，水运管理的显著特征是高度集中和政企合一。1950 年，交通部设立航务总局和国营轮船总公司，负责全国的航务建设、管理和水运工作，实行统一计划运输。交通部直接领导和组织水运生产。一年后，交通部撤销航务总局和中国人民轮船总公司（前身为国营轮船总公司），分设海运管理总局、河运管理总局和航道工程总局，实行沿海与内河分区统一管理的体制。对政企合一的水运企业实行分类管理，一部分由交通部直接领导，一部分由地方交通主管部门领导。各地方辖区内的水运企业则由当地交通主管部门通过内设机构或专门机构进行管理。此时的水运管理主要服务于国有水运企业的生产，通过计划、调度等手段促进我国水路运输事业快速恢复。

20 世纪 70 年代初期，这种高度集中的管理模式暴露出越来越多的问题，条块分割、政企不分、以政代企等现象严重阻碍市场经济的发展。为转变职能、加强水运行业宏观管理，交通部率先在长江实行管理体制改革，分别组建长江航务管理局和长江轮船公司，实行政企分开。水运管理体制先后经历两次改革。第一次在 1982 年，为加强内河水运管理，将交通部水运局的内河工作划出，组建内河运输管理局；沿海及远洋运输则由海洋运输管理局负责。第二次在 1988 年，内河运输管理局等专业局被撤销，取而代之的是运输管理司，统一负责水路、公路的运输管理工作，打破以专业划分部门的格局，强化政策法规、规划、计划、运输等条状职能。此时，地方交通管理也朝着“转变职能、政企分开”的方向改革。从 20 世纪 80 年代中期开始，各地陆续在省（区、市）厅下设运输管理局或者水运（务）局专司水运管理职责，实现与水运公司的政企分开。地市级及以下机构基本上与省级机构对应，设立航运处。此时的水运管理体现政企分开的特点，运输行政管理与运输生产服务逐步分离。

20 世纪 90 年代，在有关政策的推动下，交通部分别于 1993 年和 1998 年再次进行机构改革，其指导思想是进一步转变政府职能，简政放权，加强宏观调控和行业管理。1993 年，运输管理司分为公路管理司和水运管理司，水运管理司负责水路运输行业管理和运输组织管理，制定行业管理规章和相关规划、计划等，培育管理水运市场。1998 年，水运管理司与基本建设管理司合并为水运司，在安全监督局的基础上组建海事局。与此相对应，各地方也进行交通管理体制改革，以克服机构设置过多和部门分割的弊端。从 1999 年开始，各地方在行政职能归类和精简的基础上，基本形成地方交通厅“一厅三局”（交通厅、公路局、道路运输局和港航局）的架构。至此，我国水运管理体制基本固定下来。

自 2010 年以来，在实行大部制的背景下，交通运输部水运司更名为交通运输部水运局，但涉及国内水路运输管理的机构和职能没有变化。各地方也大都保持原有的管理机构。

总的来说，国内水路运输从最早在中央统一部署下实行计划运输、各地方主要执行中央的调度指令，到后来逐渐政企分开、权力下放，除一些重点运输和流域外，地方对本辖区的水路运输拥有更大的自主权。在市场经济体制下，各地方通过出台地方政策、完善市场监管等手段大力发展水运，地方竞争力得到增强。

（二）我国水运管理机构的设置

目前我国水运管理机构分为 4 级：交通运输部、省（自治区、直辖市）、市（自治州）、县（自治县）水运管理部门。2008 年，在经历大部制改革、组建交通运输部之后，各地方交通主管部门也纷纷进行调整。就水运管理机构而言，多数省（区、市）维持原状，也有部分变化较大。

1. 交通运输部水运管理机构

交通运输部实行水运管理职能的执行机构有 4 个，分别是海事局、水运局（国内航运管理处）、长江航务管理局（以下简称“长航局”）和珠江航务管理局（以下简称“珠航局”）。

海事局负责国家水上安全监督管理，包括事故调查、船员管理、船舶防污染等。水运局（国内航运管理处）负责国内水路运输行业管理，制定行业发展政策、拟定相关法律、法规草案，指导水路运政管理队伍建设。长航局是遵照《国务院批转交通部关于长江航运体制改革方案的通知》精神，根据政企分开、港航分管的原则，在原长江航运管理局的基础上于 1984 年组建的，作为交通运输部派出机构，对长江干线航运行使政府行业管理职能。珠航局作为交通运输部派出机构，对珠江内河行使行政主管部门职责。

2. 省级水运管理机构

省（自治区、直辖市）级交通主管部门分管辖区内的水路运输行政管理，主要有两种模式：一种是省交通（运输）厅全面负责省内的航运管理。如广东省交通厅设水运管理处，负责水路运输的行业管理。另一种是省级人民政府交通主管部门直属的行政事业单位具体实施水运管理。这些直属机构名称各异，具体设置也不相同。总的来说，直属机构管理水运一般采取两种方式：①水路运输管理与道路运输管理合一，统一设置于“运输管理局”中，如北京市交通委员会下设的运输管理局，内蒙古自治区交通厅下设的交通运输管理局，江苏省交通厅下设的运输管理局，福建省交通厅下设的运输管理局等。②水路运输与道路运输分别设立管理机构。这种方式比较常见。水运管理方面的机构通常称为“航运管理局”“港航管理局”“水路运输管理局”“航务管理局”等。这些管理机构通常“一门多牌”，兼挂地方海事局、船舶检验处（局）、交通规费征收稽查局等机构的铭牌，部分水运不发达地区还兼挂公路运输管理局的铭牌。在水运和陆运分别设立管理机构的管理方式中，还有两种比较特殊的机构设置：一种是天津市和上海市设置的“交通运输和港口管理局”，突出港口建设和管理的重要性，以实践“以港兴市”的战略目标；另一种是山西省、吉林省、西藏自治区等设置的地方海事局，对辖区内的水运实行统一管理，包括规划、运输、建设、水上安全等。

3. 市、县级水运管理机构

市、县级的水运管理通常与省级的机构设置相对应，即省级交通主管部门设立相关事业单位进行水运管理的，市、县级也由其交通主管部门下设的运政、航道、地方海事和地方船检“四牌一门”或者“三牌一门”的独立事业单位来进行水运管理。也有与省级机构设置不对应的情况，比如广东省交通厅直接负责省内的水运管理，广州市则成立航务局，对其辖区内的水运行业进行管理。

（三）我国水运管理现状及其主要问题

1. 管理机构运行现状

水运作为我国五大运输方式之一，在国民经济中发挥着重要作用。水运市场既有一般市场的特点，也具有独特性：①水运具有公共服务的性质。在公路不发达或者不通公路的地区，政府部门负有发展水运、满足人们出行需求的职责。②水运受自然条件影响较大。行船不可控因素较多，水运企业运营风险较高，一旦发生水上事故，会给社会带来较大的负面影响。③水运对保障重点物资运输和应对突发危机具有重大意义。水运管理机构不仅对水运行业进行管理、实施市场监督，还肩负履行政府职责、减小风险损失、保障水上安全与防治污染的任务。

我国目前主要由地方水运管理机构对国内水运实施具体的管理，这些机构承担大部分水运经营资质管理和监督检查工作。以几个水运大省为例：山东省有水运企业 254 家、个体经营者 2566 户、营运船舶 9726 艘；广东省有水运企业 666 家、个体经营者 483 户、营运船舶 11296 艘。如果没有专门的管理机构，水运监督管理工作根本无法落实，水运市场也难以营造良好的经营环境，正因为如此，各地纷纷设立专门的水运管理机构。在水运业遭受国际金融危机重创期间，水运管理机构为水运企业提供更多服务，在帮助中小水运企业贷款融资等方面积极作为，鼓励业界抱团取暖，为推动我国水运行业继续向前发展发挥重要作用。

2. 存在问题

我国水运管理机构类型较为复杂，管理主体既有行政机关，也有事业单位。作为地方交通主管部门对水运市场主体做出行政许可、行政处罚以及监督管理等具体行政行为的既有港航（航运、航务、运输）管理局，也有地方海事局。具体来说，我国水运管理体制及其机构运行存在以下问题：

（1）执法资格与权限存在矛盾

水运管理机构作为事业单位实施水运管理职能，并未得到法律法规的明确授权，而是受政府交通主管部门委托进行水路交通行政执法，存在执法权威不够、手段薄弱等问题。此外，执法行为由事业单位实施，而行政后果由行政主管机关承担，造成执法机构权责不一致，这给行政相对人的行政诉讼和行政复议带来很大不便。《中华人民共和国行政许可法》明确规定只有行政机关才能接受其他行政机关的委托实施行政许可，而国内的水运管理机构绝大多数是事业单位性质，不具备接受委托的资格。如果要实施行政许可，必须先得到法律法规的明确授权，而《中华人民共和国国内水路运输管理条例》（下称《国内水路运输管理条例》）并没有明确水运管理机构的身份和职能。因此，目前水运管理机构实施水路运输行政许可只是一个既成事实，并没有法律依据。要理顺水运管理体制，必须首先解决水运管理机构的性质问题。

（2）职能交叉现象依然存在

如交通运输部水运局对水运市场的管理主要从水运企业入手，要求其具有一定的经营资质，包括拥有符合技术规范要求的船舶，配备相应的机务、海务管理人员等，而交通运输部海事局则通过《中华人民共和国航运公司安全与防污染管理规定》《航运公司安全诚信管理办法（试行）》等规定要求水运企业建立安全管理体系。二者的管理在部分内容上是重叠的，既浪费行政资源，也给行政相对人增加成本。这一问题在机构调整中仍未得到有效解决。

（3）机构设置名称不统一、管理难到位

由于缺乏法律法规的明确规定，各地在如何设置水运管理机构上存在很大的随意性。如同为“港航管理局”，在有些地区它是管理港口和水路运输的部门，在有些地区却仅仅负责水运基础设施建设。各地水运管理机构设置的差异给各级管理部门在沟通和协调上造成阻碍，不利于水运企业的业务开展。

（四）完善我国水运管理体制的建议

水运管理体制对我国水路运输乃至社会和经济的发展都有着重要作用。我国正在经历政府职能转变，政府正由“全能型”“统治型”“管制型”向“有限型”“治理型”“服务型”转变。水运管理机构同样要经历这场蜕变。

1. 转变观念

水运管理机构要逐渐从“收费导向型”转变为“服务导向型”。在燃油税改革后，水运的相关规费也相继取消。以前依靠收费生存的水运管理机构不再有经费压力，收费与依法行政之间的矛盾也趋于缓解。在这种形势下，水运管理机构应当及时转变观念，改变过去以收费为中心的行政管理方式，积极探索既能有效实施市场监管，又能为水运企业提供服务的新治理模式。

2. 统筹规划，打破分割

在发展综合运输体系的背景下，水运统筹发展的要求更为迫切。目前，水路运输、港口管理、航道养护以及基础设施建设等部门往往分门而立，没有实现有效统筹，加上各地区水运管理机构设置不一，要实现水运综合发展十分困难。因此，建议水运管理机构以水运企业的发展为切入点，积极与其他部门沟通，在规划设计等阶段就重视水运企业的发展需求，实现水运的长远发展。

3. 确立决策审批权与监督处罚权相分离的管理体制

改变目前部门职能交叉、多头管理、政出多门的现象，提高管理效率。运输企业、船舶和船员等作为水运要素，相互关联密不可分。但目前的水运管理体制人为地将运输企业、船舶和船员的管理相分割，不可避免地造成多重管理现象。为理顺管理关系，建议打破企业、船舶、船员纵向管理的模式，实行综合管理，并将决策权、审批权与监督处罚权相分离。

（五）当前水运行业运营管理的工作重点

有关专家认为，结合我国水运市场的要求，在加快水运业结构调整步伐的同时，应继续深入开展水运市场整顿工作，同时按照国家有关政策精神，适当调整国内水路运输的管理权限和管理方式。

一是加快水运结构的调整步伐。我国的经济结构正处于战略性调整阶段，产业结构和产品结构不断优化升级。社会对运输模式选择的观念和行为不断改变，多种运输方式之间的竞争日趋激烈，综合运输结构也将发生重大变化。各级交通主管部门、航管机构要根据交通部提出的加快水运业结构调整的总体意见，并结合实际情况，创造性地开展工作，进一步促进水运业结构的调整。

二是巩固成果，突出重点，务求实效，标本兼治，继续推进水运市场整顿规范工作。要继续开展全国水运市场整顿工作，具体整顿方案交通运输部已经印发，各级交通主管部门要认真贯彻执行，要下大气力整顿水上交通安全生产秩序，建立完善的市场体系和机制，从根源上杜绝重特大安全事故的发生。

三是明确管理职责分工。改变管理方式，精简政府审批项目。为了更好地贯彻《国务院关于特大安全事故行政责任追究的规定》，明确各级管理部门的职责分工，交通部从 2019 年起对国内水路运输管理职责分工和运力管理方式进行调整。这次调整将严格按照《国内水路运输管理条例》的规定调整和明确交通部及地方交通主管部门的分工，进一步发挥长江航务管理局和珠江航务管理局两个水系派出机构的作用，充分发挥市场机制对资源的配置作用，尽量避免政府直接干预经济。对许多企业自身的经营行为，能由市场决定的，就由市场决定，对部分以前采取审批制管理的项目，改为登记制的方式进行管理。管理方式改变后，对新增普通货船运力将以企业经营资质和船舶技术状况等条件为标准，进行前置登记管理，不再单纯进行数量上的控制。在加强管理和信息交流的前提下，促进水路运输运力在全国范围内的流动，建立全国统一的运输市场。

二、加强行业管理，繁荣水运事业

（一）对当前水运事业发展形势的基本认识

世界经济全球化、贸易自由化以及计算机网络和电子商务的发展，促进了产业结构的升级和产品结构的调整，不同国家间经济发展既相互依存又相互竞争，共同推动世界贸易快速增长，这对支撑世界贸易的国际水运业既是机遇也是挑战。

世界海运业正发生着战略性结构重组，大型水运公司的重组形成趋势，班轮公司共同派船，互租舱位，各种形式的联合、联营使水运市场不断变化；船舶朝大型化、专业化、高速化、智能化方向快速发展，出现了超级水运公司；水运经营战略向联营体、全球承运人、多式联运和现代物流方向转变，经营理念也发生了深刻变化，世界海运业的竞争日趋激烈。

我国加入世贸组织，将按照国际规则逐步开放我国水运市场和相关辅助服务业务，一方面有利于引进国外资金、先进技术和管理经验，有利于健全水运市场机制和加快水运结构的调整，从而提高我国水运业的整体竞争力和服务质量。另一方面，随着外国水运企业全面进入中国水运市场，必然加剧我国水运市场的竞争，水运企业的竞争力和抵御风险的能力将面临严峻考验。

（二）加强行业管理，提高我国水运整体水平的主要措施

1. 开展水运发展战略研究，制定发展规划和产业政策

充分研究世界经济全球化、贸易自由化和技术创新对水运行业的重大影响，从国民经济发展与布局、产业经济、建立和完善综合运输体系、水资源综合利用以及提高水路交通整体水平等方面，研究制定水路交通发展战略和发展规划。积极实施西部大开发战略，宜路则路、宜水则水，充分发挥水运优势，加快长江等水运交通基础设施建设，带动沿江经济发展。

2. 加强市场监管，建立和完善水运市场

交通主管部门要依法对水运市场进行监管，依法规范和维护水运市场秩序。完善市场准入标准，加强市场的准入管理和企业经营行为的监督管理，保护合法经营，鼓励合理竞争，打击非法经营，制止垄断经营。

3. 加快科技创新步伐，调整优化运输结构

以市场需求为导向，综合运用经济、技术、法律和必要的行政手段，调控运力总量，优化运力结构，提高船舶技术水平。推动船舶向大型化、专业化、高速化方向发展，重点发展集装箱船、液化气船、汽车滚装船等专业化船队。国际海运要努力解决中国资本船舶挂方便旗问题；沿海要重点解决老旧船问题，要研究制定老旧船舶强制报废制度；内河要重点解决运力过剩、船舶标准化和提高技术水平问题。积极推动集装箱多式联运和现代综合物流的发展。

4. 进一步扩大对外开放，提高开放的质量和水平

第一，调整和完善有关法规规章和相应措施，尽快建立符合我国国情和水运发展规律的法律法规和水运政策体系。第二，对外开放要先对国内开放。第三，引导和鼓励国内水运企业强强联营，提高竞争力和抵御风险的能力。第四，鼓励和引导市场中介组织，加强行业协会作用，逐步形成维护企业权益和行业自律性的共同体。

5. 加快国有港航企业改革

建立现代企业制度，是国有企业改革和发展的方向。水运企业的发展要突出主业，找准经济增长点。积极协调推动大型骨干水运企业与大货主联营，组建国际海运联合船队，推进运输招标制度的实施，提高国轮在重要进口物资市场的承运份额，维护我国的正当水运利益，积极推动港口体制改革。

第三章　新时期水运发展现状及对策研究

第一节　水运发展中存在的问题及对策探析

我国经济的不断发展，为我国水运的发展提供了新的机遇。水运在我国综合运输中占据十分重要的地位，但当前由于受到诸多不利因素的影响和制约，我国水运发展中仍存在一些问题。

一、当前时期我国内河水运发展中存在的问题及对策研究概述

近几年来，随着我国经济的发展，人们逐渐重视内河水运在缓解交通运输压力中所起的重要作用，国家也在不断加强内河水运的相关基础设施建设，逐渐延长了内河航道里程，扭转了过去多年内河航道里程较短，船舶总在固定的航道里程被动徘徊的局面。国家也进一步扩大了船舶运力，增加了货运船舶的数量。此外，在运河的经营管理上不断采取措施完善管理组织机构，扩大对内河水运的水上活动管理和安全监管的覆盖面，并针对内河航运的特征，相继制定和发布了很多管理规章，在很大程度上加强了对内河水上交通运输管理和水上安全监管的力度，逐渐凸显了内河水运的重要作用。然而由于对运河管理缺乏充分的思想认识，发展规划比较滞后等，当前我国内河水运中仍然存在很多不足和问题。

（一）当前我国内河水运的现状

1. 思想上存在误区，资金投入较少

当前面对日益紧张的陆上交通状况，相关部门和有关领导对水运工作越来越重视，在一定程度上推动了我国水运的进一步发展。但是由于在思想上对内

河水运的相关知识缺乏正确的认识，存在认识误区，导致思想上不能充分认识内河水运的重要作用，直接导致了对水运发展投入的资金较少，目前我国很多省市没有设定固定的资金渠道对水运建设养护提供稳定的资金来源。据相关文献资料统计，我国在水运方面的投资相比同期公路投资要少很多，对水运建设和养护的资金投入太少，且很多省市存在较多的历史欠账，导致水运基础设施不能适应经济社会发展的时代需求，影响了航道的通过能力。此外，在制定内河水运规划时，部分地区存在不能站在长远发展的战略角度制定符合水运发展的规划制度的问题，缺乏强有力的监管制度，严重制约了水运的发展。

2. 管理机制落后，未制定明确的发展规划

目前，对于我国内河水运管理主要是由国家航道管理局负责，具体到每个省市则是由该省市航道管理和港口管理部门具体负责；对于水路运输、港口安全监管和海事管理则是由各省地方海事部门负责。但是由于管理机制比较落后，导致我国地方水运管理的具体负责部门不明确，有的是由挂靠在运管部门的海事机构负责，还有的是由单独设立的海事部门负责。而各省市航道管理和港口管理部门在设立的时候忽视了航道和港口的内在职能交叉情况，直接导致在具体监管过程中出现部门之间的冲突、相互推诿的现象。我国内河水运管理部门管理不到位、权责不清、管理效力不高的问题是当前制约我国内河水运发展的重要瓶颈。此外，由于受到多种因素影响，当前我国对各省内河水运的发展规划还缺少具体的权威部门的审批，国家还未将内河航道和港口布局规划及港口城市的港口总规划纳入正式的编制。由于缺乏科学明确的内河水运发展规划作为支撑，导致内河水运建设中的盲目和无序状况时有发生。

3. 缺乏完善的法律制度，监管力度不强

当前，我国在内河水运发展方面虽然制定了一些法律法规，但是地方省市在落实国家制定的内河水运法律法规时，由于缺乏配套的地方法规，导致港口工作还不能实现法制化和规范化；很多省市没有正式开展港口经营许可和非深水线使用工作。此外，国家颁布的有些水运法律法规年限较久，不能适应新时期社会经济发展的需求；部分法规在实施细则的制定上，脱离实际，操作性较差。近年来新型的水上工具和设施不断兴起，但是国家针对这些新型的水上运输工具并未及时制定出相应的规章制度，直接影响了相关部门的监管执行。还有些地区在通航流域违规修建拦河、跨河建筑物，在很大程度上影响了航道的正常通行；破坏航道基础设施和违法采砂等违规事件时有发生；由于缺乏严厉

的监管，不能完全落实渡运安全管理责任制度，严重阻碍了内河水运的健康有序发展。

（二）推动我国内河水运发展的具体措施

1. 提高思想认识，加大资金投入

必须提高思想认识，摒弃传统思想认识中的误区，树立科学发展观，充分认识到内河水运在建设资源节约、环境友好型社会，实现可持续发展中所起的重要作用。相关部门应充分学习国家水运工作会议和港口管理工作会议的精神，进一步加强领导，将内河水运的发展明确纳入各省市地区政府的重要议事日程；积极采取相应措施，应对我国内河水运行业发展中面临的各项严峻挑战。改变传统的重视公路资金投入轻视水运投资的做法，进一步加大对内河水运的资金投入，实现各种运输方式的协调发展。不断拓宽内河水运发展的资金来源渠道，加大水运基础设施建设，突出港口、航道的公益属性，争取到更多的中央转移支付资金；积极争取国家对内河运输项目的资金支撑；加大各级政府财政投资的力度，保证稳定的内河水运基础建设养护资金渠道。此外，应积极鼓励地方各级政府通过减免税收、提供优惠土地政策等各种方式，拓宽内河水运的资金渠道；加大水上交通安全监管专项资金投入，加大对港口和船舶改造更新等的资金投入，切实缓解内河水运发展中的航道建设养护资金不足的问题。

2. 健全管理机制，制定明确的发展规划

我国内河水运健康有序的发展，必须建立健全内河水运管理机制，制定明确的发展规划。各省市应该牢牢把握国家对成品油和税费改革及相关省市交通运输体制改革的有利点，严格按照交通运输部制定的相关改革规定，制定一套符合新形势发展要求的内河管理机制，将内河航道管理和港口管理两大部门的相关职能进行合并，明确其各自的管理职责。在具体管理中，可以采取条块结合、以块为主的新型管理模式，精简各管理部门的职责，确保实行更加科学高效的管理。此外，对我国内河水运的发展还应进一步做好水运发展规划编制工作，加强国家交通运输部和各省市之间的联合审查，为水运的发展提供科学的指导。全面统筹规划水路、公路和铁路的发展，加强疏港公路和铁路建设。

3. 完善法律法规，加大监管力度

完善的法律法规是确保我国内河水运发展的必要保障，积极加大国家对内河水运行业相关法律法规的制定和实施力度，特别是针对近几年新兴的水上交通运输工具和设施应及时制定相关的法律法规予以管理。各省市应结合本省市

的实际发展情况，不断加大内河管理的宣传力度，进一步完善地方性的内河水运管理规定。此外，应通过具体的法律法规，明确规定港口经营、岸线使用和临跨河建筑物审批的行政许可工作。对非法采砂、破坏航道基础设施及渔业养殖阻碍航道正常通行的各种违法现象进行严厉打击，强化源头管理，加大监管力度，确保运河的可持续发展。

综上所述，当前由于受到思想认识、管理机制、规划编制及资金投入等诸多因素的影响，很大程度上我国内河水运的健康有序发展受到了限制。但只要我们积极提高思想认识，多途径地扩大资金渠道，不断健全和完善管理机制和相关法律法规，就一定能够推动内河水运的健康可持续发展，充分发挥出我国内河水运在经济发展中的重要作用。

二、长江经济带水运发展问题与对策探析

长江经济带横贯我国东、中、西三大区域，区域内七省二市（上海、江苏、浙江、安徽、湖北、湖南、江西、四川、重庆）是我国经济、文化、科技、人才和信息最发达的地区，在国民经济中有着重要的战略地位，在当前正在实施的西部大开发和中部崛起战略中更是具有举足轻重的作用。长江作为世界第三大河流，自古以来就是联结中国东中西部经济的天然通道和纽带，长江经济带水运历史悠久，同时具有成本低、运量大、能耗低、有利环保且相对安全等突出优势，水运的发展是长江经济带经济增长的重要支撑力量。

（一）长江经济带水运发展现状

1. 航道通航条件逐步完善，水运快速发展

新时期以来，国家逐步加大了长江水运基础设施建设力度，特别是近五年，投资达 56 亿元，其中长江干线航道投资近 15 亿元，重点整治了界牌、碾子湾、张南等浅险航道。三峡成库后，长江上游航道条件大为改善。下游上海国际航运中心及长江口深水航道的建设如火如荼。2013 年，交通部批准了《长江干线航道发展规划》，长江干线航道系统整治已经拉开序幕。在此推动下，航道基础设施逐步完善，据有关数据显示，长江经济带内河航道里程数为 8.56 万千米，占全国的 63.37%。长江水系航道里程 6.64 万千米中 92.87% 位于长江经济带，全国长江水系通航里程数为 6.36 万千米，通航比率为 95.74%，长江经济带通航里程所占的比例为 93.55%。

在航道设施逐步完善的推动下，长江经济带水运业取得了长远的进步。虽

然受到铁路、航空等更为便捷的交通方式的替代竞争的影响，水运客运量在稳中趋降的总趋势下，不同地区呈现出不同的发展趋势，但与此相对比，长江经济带各地区水运货运量一直保持了持续的快速增长势头。

2. 港口综合能力不断提高

港口作为航运的重要节点，发展速度也在加快。长江经济带近年建设了一大批大型化、专业化的港口码头，尤其是南京以下河段港口发展迅速，逐步形成了以上海为龙头，以南京、武汉、重庆等主要港口为中心的层次分明的港口体系。

在此体系推动下，长江经济带主要港口货物吞吐量持续攀升，特别是沿海和长江三角洲地区港口如上海洋山港建设的推动力非常明显，沿海宁波、上海港货物吞吐量增长迅速，长江经济带内河港口货物吞吐量也有不同程度的增长。

3. 水运在长江经济带综合交通体系中的重要性逐步提高

水运在长江经济带综合交通体系中的重要程度也在逐步提高。数据表明，不论是货运量还是货运周转量，水运在综合交通体系中的比重均有较大的提高。

以上分析表明，当前长江经济带水运获得了快速的发展，在综合交通运输体系中具有举足轻重的作用，然而水运业在区域经济中有何经济功能以及长江经济带水运与区域经济增长的关系仍有待进一步探讨。

（二）长江经济带水运发展的制约因素

1. 长江水运投资匮乏

在综合交通体系中国家普遍非常重视铁路与公路的建设和投资。在交通基础设施建设中，存在较为明显的“重陆轻水”“重电轻航”“重桥轻船”的倾向。长期以来，资金投入不足一直困扰着长江经济带水运特别是内河航运的开发。

从近几年的发展来看，国家已经开始逐步加大对水运建设的投资，长江经济带水运也因此而受益。虽然如此，这仍然满足不了快速的经济发展对长江水运和长江黄金水道建设的需求。

2. 水运标准化水平低

广义而言，水运标准化主要包括三个方面的内容，即航道标准化、船舶标准化和港口标准化。水运标准化水平低表现在以下几个方面：首先，长江航道连续性与通达性差。长江干线航道总体上呈现出“两头（上下游）深、中间（中游）浅；两头（上下游）通、中间（中游）堵”的特点。长江下游航道由于福姜沙、通州沙、白茆沙（简称“三沙”）航道水深不足，5 万吨级海轮需减载或乘潮进江；中游航运整体上还处于自然状态，在枯水期时有滞航、碍航现象出现，无法实现汉（武汉）渝（重庆）直达；重庆以上航道等级偏低，航道不连续，难以满足西南地区出海大通道和水运发展的要求。同时，各主要支流航道等级不高，与干线尚未形成高等级的航道网络。

其次，长江航运船型技术落后，标准化程度低。长江干线运输船舶船型繁多，机动船舶尤为突出，其中船型有300多种，机型140多种；船舶平均吨位小、航速慢、效率低，影响了基础设施的利用率，同时造成船舶运营成本居高不下；船型结构不合理，专业化船舶以及高性能、高技术含量的船舶所占比重较低，船龄老化，市场急需的具有广泛前景的特种专用船舶和集装箱船，如液化气船、汽车滚装船数量少、等级低，而一些特种专用船型尚存空白。

最后，港口功能欠缺与港口间竞争失序。目前长江经济带港口综合通过能力仍显不足，港口功能类同；港口结构不够合理，杂货码头多，集装箱、液化气、散装水泥等专业化码头泊位偏少；长江干流上游和支流大部分港口基础设施薄弱，许多码头机械化程度低，仍然采用简单机械和人力作业方式。港口竞争呈无序状态，竞争手段单一，致使港口间为争夺货源时有价格战发生。长江沿岸港口的功能和布局还亟待优化与完善。港口经营管理体制还有待完善，岸线管理有失规范，港口规划执行力度不够，“深水浅用”和重复建设的现象仍然存在。

3. 长江经济带各地区的水运发展规划混乱无序

长江经济带幅员辽阔，横跨九个省市，在地方利益的作用下，流域各地区纷纷制订水运综合开发规划，但各地区规划之间缺乏一个有效的协调机制，在规划水运开发时忽视了长江经济带其他地区特别是邻近地区的规划，甚至有的地方政府即便了解其他地区的规划仍心存侥幸抢先实施自己的规划。这一点在长江经济带内港口的规划与建设上特别明显。

4. 管理体制与法制化水平亟待提高

长江水运管理体制混乱，乱收费现象严重，法律法规体系不健全，是长江水运发展的又一个制约因素。长江航运实行政企分开、港航共管，管理部门在长江沿岸设立了各种管理机构。然而在机构功能定位和区域分管方面界定模糊，重叠与缺位并存，一方面行业管理政出多门，企业无所适从，另一方面各方推诿，政府职能缺位。例如，在三峡坝区59千米范围内，管理机构既有交通部三峡海事局和长江宜昌海事局，又有宜昌市夷陵区海事局和秭归县海事局，导致三峡坝区锚地等管理混乱。在这样的管理体制下，长江航运收费体系杂乱，乱收费现象严重，高收费已经令长江航运企业不堪重负。同时沿岸各地法规颇为零散，缺乏重要法律规范，功能协调性差，缺乏全国性、高层次和深层次的法律法规，缺乏统观全局、管理整个长江经济带开发利用行为的法律规范。如航运法、航道法、船舶法、船员法等涉及长江航运发展的基本法律、法规尚未出台。

（三）加快长江经济带水运发展的对策

水运业是长江经济带发展的重要基础和前提条件，对国民经济有很强的推动作用，是促进区域产业分工协作、共同市场建设、经济融合协调发展的有力手段。因此，消除水运业发展的制约因素，加快水运业的发展，对于促进长江经济带经济社会和谐、持续发展有重要的理论与现实意义。

1. 在加大政府资金投入的同时，建立有利于水运发展的投融资机制

水运要发展，必须有稳定、足够的建设资金做保证。针对目前国家对长江经济带水运建设投资不足的问题，建议国家加大对水运建设的投资，促进经济增长。令人欣喜的是我国政府在发展规划中指出，将进一步加大对长江水运的投资力度，更好地满足沿江地区经济发展的需要。交通运输部出台的内河航运建设基金政策，使内河航运建设有了一定的稳定资金来源。在加大资金投入的同时，政府也应开辟其他稳定的资金来源，以更加开放的姿态，吸纳地方政府、企业、公众等多方资金，并尝试利用国债、直接投资基金、世界金融组织和外国政府贷款，甚至发行建设债券用于长江水运建设。

2. 分步、有序地推进长江水运标准化工作

长江水运标准化工作涉及面广，工程浩大，因此要把握分步、分段有序推进的原则，依据各区域情况制订各阶段的目标，逐步推进。就航道标准化而言，应按照交通运输部批准的《长江干线航道发展规划》的要求，按照“深下游、畅中游、延上游”的总体思路，加快长江航道治理步伐，确保航道通畅；管理部门应合理运用行政手段与经济手段推行船舶标准化，通过优惠政策来调动企业的积极性，并在特定航段采用强制性的行政手段，推动长江干线航运船舶标准化工作顺利进行；管理部门应调整长江沿线港口设置与竞争格局，促使长江经济带形成以主要港口为中心、地区重要港口为补充的布局合理、结构优化、层次分明、功能完善的港口体系。

3. 在长江经济带水运发展方面加强区域合作

长江经济带各行政区域应考虑加强合作，形成合力，共同推动水运的发展。

各地区应以长江经济带整体利益为立足点，协调自身规划与整体区域规划的关系，将自身资源和基础条件的优势融入区域经济规划之中；考虑完善区域政府间信息交流的机制，加强对水运发展问题的沟通。同时，区域间水运行业管理机构应加强彼此间的合作，为长江经济带水运发展创造空间。

4. 推进管理体制改革与法制化建设

加强对长江航道的管理，强化对人为碍航因素的治理，强化市场准入管理，强化对跨江建筑物、沿航道建筑物的审批和管理，消除不合理的跨江、沿航道建筑物对长江岸线资源和航道的侵占和破坏。

深化航运航道管理体制改革，理顺中央和地方、地方与地方水运管理部门之间的关系，建设一支精简、高效的管理队伍，改变目前行政管理条块分割、政出多门、机构重叠和管理效率低的状况。可以考虑成立一个统一的长江经济带管理委员会，行使对长江经济带各省（市）水资源综合利用及经济发展的管理职能。

加强法制建设，在认真调查研究的基础上，对已经颁布的法律法规做出必要的修改和完善，尽快制定航道法、船舶法等高效力的法律法规，从而实现有法必依，有章可循，为全面规范长江经济带水运建设和管理以及水运业的振兴创造良好的法治环境。

第二节　我国水运行业 LNG 应用发展现状及趋势

2013 年 10 月，交通运输部发布了《关于推进水运行业应用液化天然气的指导意见》，这是世界上首次在国家层面进行的顶层设计，彰显了我国发展水运行业液化天然气（LNG）应用的决心和推进力度。2014 年 9 月，《交通运输部办公厅关于发布水运行业应用液化天然气首批试点示范项目名单的通知》遴选出具有发展前景和带动效应的优秀项目在全国各水系进行推广实施。经过几年的时间，LNG 作为国家优先推广的清洁能源，在我国水运行业的应用已步入正轨并逐渐发展成熟。

一、我国水运行业LNG应用发展现状

（一）规模现状

1. 内河LNG动力船舶改造情况

2008年，LNG燃料动力旅游船“漓江山水34”的成功下水，揭开了我国船舶“油改气”的序幕。2010年，我国成功改造首艘货运船“苏宿货1260”，为LNG动力船舶改造积累了经验。2010—2013年，国内LNG动力船舶改造得到较快发展，2014年以后，随着石油价格的下跌，LNG的经济效益优势减弱，船舶所有人不愿进行“油改气”的船舶改造，LNG船舶的改造数量增长缓慢。据交通运输部水运科学研究院的不完全统计，截至2018年，我国已实际改建47艘船舶成为LNG动力船。

2. 内河LNG动力船舶新建情况

2014年4月，财政部和交通运输部联合出台的《内河船型标准化补贴资金管理办法》，明确了新建LNG动力示范船补贴政策标准，这意味着新建LNG动力船进入了一个快速发展的时期。根据交通运输部水运科学研究院的统计，截至2018年，申请新建LNG动力示范船技术方案评估的船舶数量多达1495艘，通过技术认定的有65艘。

3. 沿海LNG动力船舶情况

目前，我国沿海船舶LNG动力的改造在拖船和集装箱船上取得了突破，推动其迅速发展的主要企业是中国海洋石油总公司。2011年9月，第一艘渔船的LNG动力改造在天津完成，目前已改造渔船20余艘。2013年，中国海洋石油总公司完成了对港作拖船“海洋石油521”和“海洋石油522”的改造。2016年5月，交通运输部海事局发文核准了由江苏海企港华燃气发展有限公司改造的“武家嘴57”轮作为LNG动力试点船舶，该船是中国第一艘获得LNG动力改造批准的海船，标志着我国海船LNG动力试点正式启动。

（二）技术路径

国内LNG动力船舶改造，主要包括LNG储气系统（LNG储气罐、LNG气化撬）的安装、供气管线和安全互锁阀的安装、柴油发动机的柴油-LNG混燃系统（含发动机电控单元）的安装、消防报警联动装置的安装和驾驶台控制系统的安装。目前，储气系统、供气管线和安全警报系统的改造技术相对比较完善，而船舶发动机的改造技术与国外相比还有一定差距。

我国目前改造或新造的双燃料发动机多为混烧式，既可以单独烧柴油，也可以实现柴油和天然气混合燃烧。天然气和柴油的比例可根据工况调整，在常用工况下，天然气掺烧比在 65% 左右。

（三）发展特点

1. 以散货船为主

由于政策法规的限制，目前改造的船舶多为散货船，其他类型的船舶较少。

2. 以内河船舶为主

改造船舶多为内河船舶，沿海船舶较少。

3. 以政府引导为主

目前我国 LNG 动力船的发展采用的是政府引导的方式，市场中推动 LNG 动力船舶发展的主要是大型天然气能源企业。

二、我国水运行业 LNG 应用的先进经验

（一）LNG 在水运行业的应用已初具规模

根据交通运输部的摸底调查可知：首批试点示范项目已建成 LNG 动力船舶 20 余艘，在建的 LNG 动力船舶 40 余艘，开展前期设计的船舶 70 余艘；已建和在建的 LNG 加注站（岸基式和趸船式）共计 20 余座；港口 LNG 车辆 680 余辆；LNG 移动加注船试点工作及内河 LNG 运输船舶建造工作也已经启动。

（二）为完善标准规范体系提供了支撑

中国外运长江航运集团有限公司的两艘新建 LNG 动力试点船舶为制定《内河天然气燃料动力船舶法定检验暂行规定》和“内河船型标准化”“新建 LNG 动力船舶资金补贴标准”提供了重要参考。中石化长江燃料有限公司承担的两艘“油气合一”LNG 加注趸船设计建造，为《液化天然气燃料水上加注趸船入级与建造规范》等相关技术标准的出台提供了技术支撑。新奥能源、大连玉柴能源在“内河 LNG 移动加液船试点项目”中，为我国《内河移动 LNG 加液船建造规范》的制定及船对船加注技术积累了大量有益经验。

（三）行业对清洁能源应用的认识有所提高

首批试点示范项目的推出向行业显示了交通运输部大力发展绿色交通的政

策导向，通过批量建造先进、环保的 LNG 动力示范船以及配套加注设施，并进行实际运营，加深水运行业对 LNG 应用在安全性与生产协同发展、LNG 应用减排与经济效果、船舶运营与加气协调、推动模式等方面的认识，一定程度上促进了行业主动应用新技术、新能源，促进了绿色可持续发展，带动并引领了一批企业主动探索应用 LNG 清洁燃料。

（四）外界关注度明显提高

通过开展试点示范工作，结合船型标准化等相关政策，水运行业 LNG 应用工作获得国内外和社会各界的高度关注。相关能源企业、船舶设计制造、发动机与储气罐等船用设备生产企业和新闻媒体等均积极关注、参与示范项目建设，通过组织大量研讨会、技术交流会、推介会以及微信等新媒体宣传、推广水运行业 LNG 应用。水运应用清洁燃料的受关注程度和影响力逐步扩大，已经得到欧洲联盟、亚洲太平洋经济合作组织及加拿大、荷兰、挪威、韩国等国家相关部门的高度关注，这些组织和国家表示要与我国加强技术交流，分享发展经验。

三、我国水运行业 LNG 应用中存在的问题

（一）经济性问题

从 2014 年下半年开始，国际油价一路下滑，到 2016 年底，甚至达到 36.70 美元 / 桶。受原油价格下降的影响，2014—2016 年国内成品油的价格持续下调，到 2016 年底，船用油价格为 5000 元 / 吨左右，LNG 的价格虽也有小幅下降，但降幅并不明显。2017 年初，国家发改委发出通知，对国内成品油价格设置调控上下限，国内成品油市场随之有一定的回升，LNG 价格优势有所体现，但仍不明显，以经济性推动 LNG 市场的发展在现阶段内仍然不具优势。

（二）水上 LNG 加注站建设问题

1. 审批程序复杂

水上 LNG 加注站建设在国内刚刚起步，管理部门对其的认识不统一，造成审批程序不明确，审批程序复杂。当前水上 LNG 加注站建设申报过程牵涉多个监管部门，使得企业在进行水上 LNG 加注站岸线申报时很难摸清头绪，影响了船用 LNG 加注站建设的推进速度。

2. 加注码头缺少系统规划

在调研中发现，很多省份的可用岸线利用率已近极限，由于省内没有对加注码头的岸线进行规划，加注码头申请新用岸线很难获得批准。加注站建设进展缓慢，造成船舶所有人担心供气无法保障，存在一定的观望心理。

（三）内河 LNG 运输问题

内河 LNG 运输会将沿海接收站的 LNG 运输至内河沿江各地区，其服务对象不仅是水运行业，更是整个区域经济产业，涉及工业用气、居民用气、车辆用气等多方面。目前国内 LNG 运输监管规定极为严格，内河 LNG 运输船舶的营运只是试点经营，并未放开；因此，大量进口 LNG 难以通过内河运输到沿江各地区，这就限制了 LNG 的水上供应。

（四）企业推动问题

LNG 在水运行业应用的推广，一方面来自政府的政策引导，另一方面来自企业的推动。在我国，很多企业对 LNG 的发展态势和应用前景还处于观望状态，其原因是：①大企业都有内部的绩效考核制度，需要统计每年的业绩增长率，而 LNG 的发展需要市场培育期，很难在短时间内盈利；②中小型企业资金少，很难进行大规模的投资，其 LNG 的应用领域往往仅涉及某一方面，无法统筹协调。

（五）船舶发动机技术问题

我国目前的双燃料发动机，在保留原有燃油系统的基础上加装了 LNG 供给系统，将单一的柴油发动机转化为双燃料发动机，但在性能、稳定性和排放上与国外的双燃料发动机的技术水平相比还有一定差距，但 NO_x 的排放已经达到了国际海事组织（IMO）第Ⅱ阶段的要求，一般在 6 ～ 9g/（kW・h）。

我国的单燃料发动机是在车用发动机的基础上进行了性能优化并直接用于船舶的推进系统，功率一般不超过 300kW，其 NO_x 排放水平已经达到了 IMO 第Ⅲ阶段的要求，一般在 2.5g/（kW・h）左右，但在运行稳定性、操作性以及可靠性方面还有待提高。

四、我国水运行业 LNG 应用发展趋势

（一）政策法规和标准体系日益完善

2013 年底，《天然气燃料动力船舶规范》和《内河天然气燃料动力船法定

检验暂行规定》的实施，使内河船舶（除客船和危险品船）应用 LNG 有了规范可依。2017 年底，《中华人民共和国海事局关于推进船舶应用液化天然气燃料工作有关事项的通知》明确了客船、危险品船和海船（LNG 加注船除外）的试点技术要求和工作方案，至此，我国内河船舶和海船应用 LNG 的工作全面铺开。同时，交通运输部及相关科研单位正在研究制定水运行业 LNG 应用的标准体系，其中包含与 LNG 动力船相关的标准。这些政策和技术体系正在逐步完善，LNG 动力船舶的发展会更加规范。

（二）能源结构进一步调整

新时期以来，我国对能源结构进行了调整，实施“少用煤，发展气”的政策，天然气在一次能源消费中所占比重由 2000 年的 2.2%，上升到 2018 年的 14.9%，上升趋势十分明显。根据国家发改委的规划，到 2020 年，我国天然气消费量在一次能源消费中的比重将在 20% 以上，利用量将达到 3600 亿 m^3。

（三）天然气供应不断增加

《2015—2020 年中国 LNG 行业市场前瞻与投资战略规划分析报告》显示，随着我国“西气东输”的开展及沿海 LNG 接收站的建成，LNG 进口量呈现快速增长的趋势。2017 年，LNG 进口量增长至 1403.26 万 t，同比增长 14.9%；2018 年，LNG 进口量达到了 1800.72 万 t，同比增长 28.3%。

（四）节能减排要求日益提高

当前，大气污染问题已经引起我国社会各界的高度重视，节能减排面临的国际、国内压力日益增大。2015 年 8 月，交通运输部发布的《船舶与港口污染防治专项行动实施方案（2015—2020 年）》明确了到 2020 年，船舶与港口大气污染物、水污染物得到有效防控和科学治理、排放强度明显降低、清洁能源得到推广应用的总体目标要求。2015 年 12 月，交通运输部发布了《珠三角、长三角、环渤海（京津冀）水域船舶排放控制区实施方案》，规定了在排放控制区内航行、靠泊的船舶使用燃料的硫含量指标。

近年来，在国家政策的引导下，LNG 作为清洁燃料，在我国水运行业的应用中，技术水平不断提高，应用范围不断扩大，标准法规不断完善，已成为现阶段水运行业最具竞争力的清洁燃料。建议行业主管部门对取得的优秀经验进行总结和推广，通过行政、市场等多种手段对存在的主要问题提出有效解决措施，进一步提升技术水平、理顺管理程序、提高行业积极性，为提升 LNG 在我国水运行业的能源消费比重、促进水运行业节能减排提供保障。

第三节 绿色水运及可持续发展的趋势与建议

交通运输是国民经济发展的先导行业，水运在其中扮演内外贸运输支柱的角色，是我国新时代建设现代化经济体系必不可缺的重要一环。我国水运行业发展至今，其巨大的市场体量对世界贸易和经济的未来发展的影响至关重要。在新时代新要求下，研判我国水运未来发展趋势，预先谋划该行业未来合理占用我国资源环境承载力的宏观规划和对策，将为我国经济的全局发展和转型升级提供有力支撑。

一、新时代对我国水运行业发展的要求

在全国上下空前重视生态文明建设的背景下，相关学者从可持续发展角度对新时代交通强国建设和水运行业发展提出三个新的发展理念，现总结如下。

（一）深化供给侧结构性改革

在加强水利、铁路、公路、水运、航空、管道、电网、信息、物流等基础设施网络建设的同时，要在中高端消费、创新引领、绿色低碳、共享经济、现代供应链、人力资本服务等领域培育新的增长点、形成新动能。近年来的经济发展实践表明，在旧有经济发展模式下，水运行业依靠规模效应、占用众多资源且集聚大量劳动人口的简单粗放式发展已难以为继，必须转变水运经济发展模式，向绿色、低碳、共享、智慧的方向发展。

（二）实施区域协调发展战略

我国幅员辽阔，各个地区在资源环境、经济基础、技术水平等方面都存在很大的差异。水运行业作为连通各地区经济运转、促进各产业协同发展的重要纽带，必须转向绿色、低碳、高效的发展模式，尤其是在环境、资源和生态重点保护及自身条件脆弱的地区。十九大报告首先将长江流域作为该发展模式的实践样板，以共抓大保护、不搞大开发为导向推动长江经济带发展，希望对长江辐射区域形成联动效应。

（三）推动形成全面开放新格局

要以“一带一路”建设为重点，坚持引进来和走出去并重，遵循共商共建共享原则，加强创新能力开放合作，形成陆海内外联动、东西双向互济的开放格局。“一带一路”建设是全球化发展至今我国对于积极融入世界经济格局以实现民族伟大复兴的政治经济倡议。水运在积极推动我国贸易和经济的可持续

发展的同时，也在提升自身国际竞争力以形成良性的可持续发展，因此必须进一步加大相关产业的对外开放度。

二、我国水运业绿色发展和可持续发展趋势

环境与生态问题的根本是经济发展问题，可持续发展问题的根本是当前发展对资源环境的损耗与未来资源环境承载潜力间的权衡。在不破坏未来发展所需的资源环境承载力的前提下，最大程度地实现清洁、低碳、高效的经济社会发展是绿色发展和可持续发展的真谛。

我国水运行业近 40 年来高速发展，取得了世界前十大港口独占其七，航运大国地位愈加稳固的成就，支撑了我国多年位列世界第一贸易大国的格局，为我国的对外开放和经济社会发展做出重要贡献。但是，水运行业的跨越式发展耗费了我国具有区位优势地区大量的资源环境承载力，在环境与生态系统污染容量、能源利用、空间承载力和人口资源配置方面产生了错综复杂的问题。水运发展在为我国创造巨大物质和精神财富方面起到了重要的作用，但解决其可持续发展方面存在的问题已刻不容缓，采取转型升级的战略和措施势在必行。同时，我国宏观经济总体上的转型升级与供给侧结构性改革、“一带一路”倡议的逐步推进和对外开放的进一步深化也对水运行业的可持续发展产生了重大影响。

（一）环境容量和生态系统污染容量进一步改善

多年来水运行业环境和生态保护由环境保护部（现为生态环境部）进行综合管理，交通运输部负责行业管理，涉海领域还涉及国家海洋局的相关职能，各港口的环境生态保护由所在地方政府具体监管。过去环保领域“九龙治水”管理模式造成水运环保监管方面的缺陷，在国家相继出台“水十条”“气十条”和“土十条”等污染防治计划后，各部门间的协调协作开始逐渐好转。通过近年来的查遗补漏，船舶大气污染控制及船舶污染物接收、转运和处置等监管空白或不完善的问题都得到有效解决。

未来水运污染治理与生态保护工作仍会不断强化和深化，尤其是在我国经济发展较快的沿海和沿江地区。通过区位优势及水运带来的优厚发展红利，沿海沿江地区的居民获得了很多经济发展方面的实惠，但为此付出的环境和生态污染代价与居民对于美好人居环境向往间的巨大落差更为凸显，他们有动力也有经济基础来改变现状。同时，环境保护不仅仅是我国经济发展的内政问题，在当前国际环保法规愈发趋紧、国家间污染排放权益斗争越发激烈的今天，我

国的水运污染排放控制乃至碳减排均涉及我国的外交形势和国际形象。我国在推动《巴黎协定》的达成、批准到正式生效过程中做出了关键性的重要贡献，作为国际海事组织 A 类理事国，目前正在积极推动国际海运温室气体减排战略的制定。这是我国可持续发展的内在需要，也是打造人类命运共同体的责任担当。

（二）能源利用进一步加强

能源是人类社会赖以生存和发展的重要物质基础，其对水运发展的重要性不言而喻，不仅是水运系统正常运转的保障，而且其中的大宗能源贸易更是构成水路运输的重要部分。能源战略是我国经济发展战略的重要支柱，目前我国石油、天然气等传统能源的对外依存度极高，保障国家能源安全需求对我国在国际水运和贸易中的布局有导向性影响。

纵观人类社会发展历史，人类文明的每一次重大进步都伴随着能源的改进和更替。过去我国已在能源发展领域取得巨大成就，能源清洁、低碳、高效利用一直是我国坚持的方向。水运行业出于经济效益考量，对节能、能效提升、电能替代等能源高效利用措施有天然推动效应，这些措施也往往伴生着能源清洁利用的环境效益。近年来我国包括水运行业在内的交通运输业在节能领域取得巨大成就，其优异表现在全行业中名列前茅。在国家能源总体发展战略指引下，水运行业在液化天然气、可再生能源和其他清洁能源的使用和推广方面也做了大量工作。

人类将迈入第四次工业革命的门槛，必将使新能源利用与推广、传统能源高效利用、能源大规模传输等领域发生重大变革。尽早实现技术突破并应用于水运行业，不但将增强我国水运企业的核心竞争力和国际竞争力，而且可能对我国在世界贸易和水运网络中的布局，特别是对“一带一路”倡议的走向产生重大影响。

（三）空间承载力进一步提高

空间是经济社会发展的宝贵资源，港口建设要占据大量岸线，这就涉及具备优质水深和水动力条件的岸边土地和浅滩。这些资源难以再生，总量有限，其生态环境又具有特有性和脆弱性。过去，我国通过造陆、深挖建设了大量的江河枢纽、深海良港、高等级航道。随着十八大以来供给侧结构性改革的不断深化，低端产能涉及的经济和水运业泡沫渐散，我国许多省市开始了区域性的港口整合，启动了空间与岸线及其他资源的优化配置。需要注意的是，进行空间和岸线资源再配置相对容易，但想重新恢复原生的自然生态及人居社会环境难度很大。

国家已经认识到相关问题的严重性，从生态重点保护和脆弱区域开始着手解决相关问题，在《长江经济带发展规划纲要》中首先提出关于可持续发展的重要论述。湖北省在该规划纲要出台后立即响应，自2016年起加大治理长江干线非法码头的力度。但是，在治理过程中面临重新安置和生态修复等诸多问题，要圆满完成生态治理将会是一个持续性的过程。

随着我国绿色可持续发展的不断深化、水运业转型升级的持续推进，以及废弃港口占用空间和环境的释放，通过资源整合优化配置进行生态修复形成自然岸线或优化为邮轮母港或其他高附加值港口作业区的现象或将成为“新常态”。

（四）人口资源配置进一步优化

多年来，水运行业提供了很多劳动密集型岗位，为我国创造了大量的就业机会。进入新时代，信息技术的变革造就了“智慧交通”及“智慧水运”的崛起，物流信息系统、全电力自动化码头、自动驾驶船舶的高速发展，使得水运行业的未来具有技术密集型的产业前景。现代供应链体系高度的信息共享和个人订制特征导致物流供应链碎片化，带来物流行业的重大变革——物流末端运输开始吸引大量劳动力就业，而港口、仓储等物流节点开始进入信息化和自动化时代。

未来我国水运行业在综合物流中的地位不会动摇，但要更好地实现可持续发展，进一步增强我国水运行业的国际竞争力，必须依靠世界领先的信息化、自动化和大数据技术，并同步进行人力资源优化配置的不断推进。

三、绿色水运及可持续发展的相关建议

基于以上分析，笔者针对我国绿色水运及可持续发展，提出以下几点建议：

①国家已启动生态环境监管体制改革，完善生态环境管理制度。在此背景下，应明确交通运输主管部门在水运环境生态保护中的有关职责，进一步打通各相关部门间的协调合作通道，真正使各方做到各尽其责。同时，应增强我国在相关国际环境公约制定和履约过程中的参与度，为全球治理体系建设发挥更大的作用。

②加强国家交通运输主管部门与财政主管部门及能源企业间的联动，进一步出台力度更大的能源清洁、低碳和高效利用激励措施。

③强化各地港口整合和空间岸线资源规划的顶层设计，加强港口布局规划与生态环境、海洋、综合交通、人口、能源、产业、旅游等相关规划的衔接和协同，特别是注意规划的前瞻指导性。对于未来可能出现的“退港”浪潮，建议结合空间、岸线、环境等资源和宏观经济发展及产业结构调整趋势，先从国家层面入手进行规划，再向各地方推进。

④在大力推进水运物流行业的信息技术应用的同时，预判好物流行业转型升级趋势，在建设现代化物流体系的同时做好劳动就业人口转移和安置工作。

我国迈入新时代，经济发展质量将是全国各界关注的焦点，绿色可持续发展将是国家继续坚持和深化的方向，水运作为经济贸易发展的先导产业和沿海发达地区的基础优势产业将在其中起关键性作用。从基于协调资源环境承载力与经济社会发展之间的关系出发，在环境、生态、能源、空间、人口等多个因素综合考量及我国各地区之间进行综合协调并制定宏观战略和顶层规划仅是完成了初步工作，其后还应进行规划落实所需的路线图、工作目标、时间节点、任务分解等一系列细化工作，并出台详细的工作方案，这些将是未来研究的重点。

第四章　水运发展现状分析及对策研究实例

第一节　水路运输业发展中的政府行为研究——以泉州为例

泉州市地处福建东南沿海中部，港口岸线资源丰富，港口后方陆域及腹地开发利用空间充足，是国家重点开发的闽南厦泉漳经济开发区和台湾海峡西岸繁荣带的重要组成部分，是全国开放度最大的地区之一，处于由长江三角洲、珠江三角洲和台湾构成的东南沿海大三角关系的居中位置。与周边沿海城市相比，泉州市水路运输业发展历史悠久，优势突出、潜力巨大，发展速度较快，是当地经济发展的支柱产业。

但近年来，受国内外经济增长放缓因素影响，当前水运市场需求不足，运力严重过剩、运价持续低迷、企业运营成本增加，泉州市水路运输业发展遇到瓶颈。

政府作为水路运输业发展的责任主体，需结合泉州市水路运输业的实际，加强和改进行业管理，营造良好的水运发展环境，优化财税扶持政策，建立多中心治理模式，促进泉州市水路运输业持续稳定发展。

一、水路运输业发展中政府行为研究的基础理论剖析

（一）水路运输业

在查阅大量水路运输相关法律法规及对相关文献进行分析研究的基础上，笔者结合自身工作实际，根据《中华人民共和国海上交通安全法》《中华人民共和国国际海运条例》《国内水路运输管理规定》和《国内水路运输条例》对

水路运输进行定义：水路运输是指在通航水域内进出港口并使用船舶从事的经营性旅客运输和货物运输。水路运输业指水路运输经营者利用自有船舶或租用的船舶运力在通航水域内从事经营性旅客运输和货物运输的生产部门。水路运输业市场上也泛称航运业，由于航空运输也是航运业的一种，因此正式的书面用语称水路运输业。而海运业包括水路运输、港口、航道建设、船舶工业等，范围更广。水路运输同时衍生了水路运输辅助业务，如航运仲裁、船员服务、航运人才服务、船舶管理、船舶代理、水路旅客运输代理、水路货物运输代理、航运金融、船舶融资、航运保险、海上保险、航运资金结算、航运价格衍生品开发、航运经纪、航运信息、航运咨询、航运油料物料供应等一系列业务。

水路运输业是我国经济社会发展中重要的基础性产业，主要以经营国内沿海运输和国际远洋运输为主，在促进产业结构调整转型升级、推动国内外经济贸易稳步发展、维护经济运行安全、扩大就业和拉动经济稳定增长等方面具有重要作用。2014 年 8 月国务院印发的《国务院关于促进海运业健康发展的若干意见》，对我国海运业发展工作做出了全方位规划，明确了海运强国的发展方向，同时也提出了阶段性发展目标，是我国成立以来首个国家层面关于海运业发展的顶层设计，体现了党中央、国务院对海运业发展的高度重视和大力支持，也标志着发展海运已上升为国家战略。

（二）地方政府行为

地方政府行为是指地方行政机关及其公务人员为维护、增进公共利益和履行政府职能而依法进行的各项行政活动的总称。地方政府各级行政机关及其公务人员在进行社会公共事务管理的时候必须依法依规进行，贯彻上级政府的工作部署，制定本级政府发展规划，其目标是增进扩大公共利益和推动当地经济发展，其根本任务是公共利益的最大化和均等化。在公共事务管理的过程中，政府作为社会公共管理系统的主导部门，应充分考虑不同社会主体多元化的公共需求，有责任、义务引导不同社会主体行使公共权力，参与公共政策的制定和分析决策，实现公共利益的扩大发展，以确保各社会主体利益共享。不同的社会行业领域及社会发展阶段赋予政府职能的侧重点不同，政府行为的特征也有区别。从政府行为的主体特征来看，主要有以下四个基本特征：

1. 强制性

政府作为公共管理的主体之一，以国家强制力为后盾来维护和增进公共利益，受到国家强制力的保护，行政相对人都必须遵守和服从。

2. 法定性

政府所行使的权力及开展的一切活动都要在宪法和法律所允许的范围内，因此政府行为必须依法开展，如果政府行为不能依法开展而造成恶劣的社会影响，政府必须承担相应的责任。

3. 动态性

政府职能的侧重点是随着经济社会发展变化而变化的，主要取决于市场经济条件下政府与自然界、经济社会发展方向、社会关系三者之间关系的演变。

4. 公共性

政府无偿地为社会不同主体提供无差异的公共物品和公共服务，但可以明确的是公共产品和公共服务也可以由非营利性公共组织提供，并非都必须由政府提供；政府行为的公共性要用其所提供的公共产品和服务是否满足了公众的基本需求为判断依据，而不能简单用经济成本作为衡量标准。

（三）水路运输业发展中地方政府的行为

1. 创造行业发展环境

地方政府为水路运输业创造良好的发展环境方面的主要行为体现为以下三点：

一是承担水路基础设施建设。包括完善水路运输基础设施建设、拓展港口服务功能、加强航道建设管理、维护航道航行秩序，满足不同类型船舶出港口，同时确保船舶安全航行。

二是提升水运综合服务功能。包括加快水运文化中心、港航交易中心、港航金融中心、船货代综合服务中心建设，促进产业群集聚；加快水运复合型人才培训机构建设，培养水运优秀人才；开展行业对内对外合作与交流；通过简政放权，整合、缩减审批事项，扩大市场准入范围，减低市场准入门槛，优化审批流程，缩短办证时间等。

三是信息发布。包括综合分析运营情况，开展相关统计工作，提供政策咨询、水运信息咨询服务，发布相关行业信息。

2. 加强行业发展引导

地方政府在引导水路运输业发展方面的主要行为体现在以下四方面：

一是引导企业转变管理方式，改变以往粗放式、家族式管理模式，加强公司安全体系建设，重视人才培养，适时多元化发展，推进企业转型升级，朝着现代化企业方向发展，引导帮助企业确立发展方向。

二是引导企业与银行、金融机构合作，将信用良好的企业介绍给金融机构，让金融机构了解熟悉这一行业，解决企业融资难的问题；引导企业与本地制造业、道路运输业沟通协作，签订长期运输协议，解决货源问题。

三是引导企业优化船队结构，及时适应市场需求，提升企业竞争力。

四是引导企业参与政府部门管理，提升其社会管理意识，为相关职能部门提建议，让管理部门更了解市场，更好地制定发展规划和政策。

3. 规范行业监管

地方政府在规范水路运输业发展中市场监管职能主要体现在以下三点：

一是行业准入，承担水路运输市场管理工作。承担本辖区国内水路运输及其辅助企业的设立、航线变更、经营范围变更、营业运输证书管理的行政审批和审核申报工作；贯彻实施国家关于水路运输有关政策规定、准入制度、技术标准和运营规范；负责辖区外资企业国际、国内客货运输审批、准入、运营管理等工作。

二是规范水路运输市场秩序，依法依规查处违法经营的企业。建立健全水路运输企业社会信用考核体系，实行舆论监督和失信惩戒制度；完善执法机构联合执法协作机制，加强行业协会自律，鼓励水运企业参与监管，整顿和规范水路运输市场经营秩序。

三是安全生产监管。宣传、贯彻执行国家、省市各级政府关于水路运输的法律法规和规章制度，负责水路运输企业经营资质维持和安全生产工作；承担水路运输建设市场监管责任，贯彻实施水路建设相关法律法规和技术规范，组织协调水路运输设施生产建设和建筑质量、安全生产监督管理工作，承担重要水路运输交通基础设施的维护工作。

二、泉州市水路运输业发展中的政府行为现状

（一）泉州市水路运输业发展现状分析

1. 泉州市水路运输业发展的优势

（1）地理位置优越，海岸线资源丰富

泉州港是福建省综合性枢纽港口之一，是距离从东北亚、北美至东南亚、印度洋及大西洋这一世界上最繁忙的国际航线最近的港口之一。港口岸线资源非常丰富。泉州海域面积达 11360 平方千米，海岸线长 541.2 千米（北起枫亭溪、南至菊江村），大小岛屿 208 个，大陆海岸线长 541.2 千米，保护良好可供建

港的深水岸线资源居福建省首位，港口岸线后方陆域平坦宽阔，适合建设各类堆场和临港工业园区，具备发展大港口的优越条件。规划可开发利用的港口岸线 113 千米，其中深水岸线 57 千米。规划建设 292 个码头泊位（其中万吨级以上的 158 个），综合通过能力 5.68 亿吨，其中集装箱 1990 万标箱。对于发展港航业具有天然的优势。

（2）水路运输船舶专业化程度高

截至 2018 年 12 月 31 日，泉州辖区拥有营运货船（含油化船）262 艘，货船载重吨 271.15 万吨，其中集装箱（多用途）船舶 169 艘、186.37 万载重吨，分别占全市营运货船的 64.5% 和 68.73%。根据 2018 年初泉州市水路运输管理部门对企业的调研，因船检原因泉州籍船舶外挂在外地航运公司的集装箱船运力近 50 艘、170 万载重吨，加上泉州籍船舶运力两者合计总载重吨约 360 万吨，约占全国集装箱船舶租赁市场份额的 90%。2008 年至 2018 年间集装箱（多用途）船舶逐步取代散货船，成为泉州市水路运输的主力军，船舶运力朝着技术含量高、节能环保、大型化、专业化方向发展。

（3）水路运输企业实践经验丰富

泉州辖区 56 家水路运输企业，多为航海世家，历经水运市场的大起大落，积累了多年的海运实践经验；对水运市场有一定的敏感度，能较好地把握投资决策，虽然有的企业船舶数量不多，但更新换代的船舶能很好地适应市场需求。每家公司基本都有固定的高级船员，具备大型船舶航行操纵、维护保养、安全保障等综合技术能力与水平，可以保证船舶安全航行，确保经济效益。

2. 泉州市水路运输业发展的劣势

（1）规模小

泉州市多数水路运输企业规模偏小，平均每家运力 4.6 万多载重吨，呈小、散、杂的情况。经营主体分散、企业生产规模小，导致规模化程度不高、运力结构不佳、管理能力薄弱、市场应变能力差。与大型航运企业相比，小型水运企业产业集中度低，在激烈的市场竞争中处于弱势地位，面临的挑战十分严峻。

（2）经营模式单一

泉州市水路运输企业经营模式主要以出租船舶赚取租金为主，自主经营的企业较少，股份制船舶、挂靠公司等经营方式普遍存在。由于泉州市出租给国内其他班轮公司的集装箱船舶（含外挂船舶）市场占比高达九成，船舶出租后，风险难以管控，租金回收困难，一旦一条船舶资金链出现问题，整个公司的船舶运营都将受到影响。

（3）融资难

由于船舶造价高，船舶资金来源复杂，主要融资方式分为以下三种。第一，银行贷款。水路运输业处于低谷时期，银行为控制风险不断减少贷款，船舶贬值，有的银行不但不增贷，反而在收贷后不予贷款或减贷（压贷），使企业在资金方面难以获得正常支持；同时，即使部分银行愿意贷款，也要求企业须以在航船舶等资产作为抵押，贷款方式为流动贷，贷款时间短，额度仅为评估价的 45% 左右。第二，社会融资。企业融资成本高，平均年利率超过 13%，且融资比例低，基本在船价的 50% 以下，还款压力大，期限短；同时社会融资存在操作人员缺乏专业知识、风险管控不严、操作不规范等问题，容易出现三角债现象和公司经济纠纷。第三，向金融租赁公司融资租赁。即企业和金融租赁公司签订买卖合同，将船舶卖给金融租赁公司，然后融资租赁回来经营。融资租赁具有贷款时间长的优势，但风险控制比较严格，中小水运企业很难满足审核要求。

3. 泉州市水路运输业发展的机遇

（1）国家出台政策

2014 年 8 月，国务院印发《关于促进海运业健康发展的若干意见》，明确提出我国海运业发展的方向，可以归纳概括为三点。一是优化市场主体结构，加快国有海运企业兼并重组，大力发展混合所有制海运企业，有序适当发展中小海运企业。二是加快船舶技术创新和应用推广，持续开展研究节能环保船舶新技术，提倡绿色发展，延长老旧运输船舶报废拆解补贴政策，加大船舶新技术的应用推广力度，优化船舶运力结构；完善海运企业治理结构，转变发展理念，创新技术、产品和服务。三是要加强海运业在国际市场的竞争力，加快海运技术研发、教育培训、船舶检验等机构的建设，发展海运优秀人才，提高参与制定国际公约、规则的能力及水平。同时要求各级各部门加强协调配合，充分发挥财政扶持政策的作用，结合工作实际，出台相关配套措施，确保取得成效。

（2）泉州市被确定为“海丝”先行区

2015 年 3 月和 11 月，经国务院授权，国家发展和改革委等三部委、福建省人民政府先后发布《推动共建丝绸之路经济带和 21 世纪海上丝绸之路的愿景与行动》《福建省 21 世纪海上丝绸之路核心区建设方案》，明确提出支持泉州市为建设“21 世纪海上丝绸之路”先行区，确定泉州港为国家重点发展的沿海城市港口之一。2016 年 1 月，泉州市人民政府印发《泉州市建设 21 世纪海上丝绸之路先行区行动方案》，方案提出泉州市将实施“海丝”泉州港口复兴行动等十大计划，并将泉州港复兴计划列在首位，提出泉州作为“海上丝绸之路”的起点城市，要以“一带一路”倡议为契机，认真借鉴发达沿海港口的成功经验，科学谋划，准确定位，发挥泉州作为“21世纪海上丝绸之路”城市联盟会址的作用，扎扎实实地提升港口整体实力，努力建构港口自身的竞争优势。

（3）内贸集装箱物流市场发展迅速

据数据统计，我国一定规模以上港口（指2009年港区吞吐量达200万标箱的港口）内贸集装箱吞吐量约占全国集装箱总吞吐量的10%，国内沿海普通货物运输集装箱化率也呈逐年上升趋势。民营水路运输企业在内贸集装箱物流行业中不断发展，中远海运集团、招商轮船等国企的市场份额不断下降。受近年全球经济市场疲软的影响，国内经济下行压力仍然较大。国内知名物流企业大新华物流退出集装箱班轮运输市场，上海鸿盛港泰海运、海南泛洋航运有限公司、新闽航集装箱班轮公司、南青集装箱班轮公司、温州海运等国内大型国有或民营交通物流企业的倒闭破产，使我国内贸集装箱物流业进入了整合期。但随着经济社会不断发展进步、产业结构调整和海事交通运输日益专业化、大型化，托运者对产品运输、服务质量要求不断提升，可以预见，未来国内水路集装箱物流还将持续一个调整、整合、再增长的循环过程。

4. 泉州市水路运输业发展的挑战

（1）运力过剩，竞争无序

当前国际经济低迷、货源不足，同时因造船价格低廉，集装箱运力规模大幅度增加，运力总需求量仅增加1.5%，国际国内运力过剩。运力总体过剩，货源不足，班轮公司竞争激烈，使得各班轮公司不得不一方面打价格战以确保市场份额，另一方面压低租船价格；同地区的船东为了偿还船舶贷款、利息，保障公司正常运营，被迫不断压低价格将船舶租出，这样市场形成了竞争的恶性循环。

（2）人才紧缺

随着全球经济的一体化发展、水运物流营销网络不断发展成熟、全球航运联盟的成立，电子商务快速渗透传统的水路运输市场。这对水路运输企业的管理人员提出了更高的要求，泉州本地传统的雇用家族内部人员的管理模式已不能满足市场发展需求，企业急需熟悉海运技术、海事法律法规，懂金融和企业管理的复合型水运人才，进而才能提供低成本、高质量、高效率的服务，减少顾客的屯货和储存成本，提高企业效益。

（3）外资水路运输企业不断涌入

随着我国自贸区政策不断被成功复制，交通运输部逐步将外商投资下发至地市级，这表明我国水运业要逐步与世界接轨，国际水运业巨头可以在国内通过设立分公司承揽国内沿海货物运输业务，这样货主有了更多的选择。随着外资企业的进入泉州本地水路运输业面临的压力逐步加大。

（二）泉州市水路运输业发展中政府的具体行为举措

1. 推进海、陆、空集疏运体系建设

新时期以来，面对经济下行压力，积极争取项目审批、融资等方面的政策支持，进一步扩大有效投资规模；牢固树立和贯彻落实创新、协调、绿色、开放、共享的发展理念，实施“东进西出、南接北通”的交通发展战略，全面发展综合交通、快速交通、智慧交通、绿色交通。按照“完工一批、续建一批、开工一批”规划，持续推进 PPP 项目招商建设，加快港口基础设施建设、推进晋江机场扩容、推进高速物流体系建设，积极打造“互联网 + 交通运输”，实现交通信息化建设大跨越。包括泉州湾大桥、沈海高速复线泉州段、晋石高速、南安公路港、金安高速、莆永高速泉州段、福厦铁路惠安站、晋江陆地等重大基础设施项目建成投入使用；晋江交通物流、快递产业园、湄洲湾航道三期工程稳步推进；泉厦漳城市联盟高速公路泉州段按 PPP 模式成功招商并开工。集散效应的区域性物流中心和综合枢纽体系步建立，极大地推动了泉州市水路运输业及辅助业的发展。

2. 持续提升服务质量

一是推进行政审批标准化建设，提高行政许可效率。积极贯彻上级政府关于行政审批改革、简政放权政策，全面清理规范行政许可和备案事项，优化审批流程，减少不必要的证明文件，缩减申请材料；将办事指南梳理成册发给企业，标明各个事项的许可依据、许可条件、所需材料，明确各个环节办结时间，提高承诺件的办理速度；公布监督投诉电话，落实“首问负责制”，极大地提高了行政许可效率。

二是建立各部门、科室领导与水路运输企业挂钩联系制度。深入基层，主动靠前服务，听取、了解、记录企业当前的经营情况、存在困难及对管理部门的意见建议，通过部门周例会、月例会研究探讨，该反映的及时向上级部门反映，该解决的及时解决，该改进的抓紧改进，并将情况及时向企业反馈。

三是加强信息发布。分析和预测水运市场经营情况，及时把国家的相关政策和市场信息传达给企业，帮助企业积极应对当前严峻的水运市场形势，引导企业合理投放船舶运力，化解水路运输企业因市场数据不对称所导致的经营风险，极大地方便了水路运输经营者、船东。

3. 推动企业转型升级

一是支持鼓励企业整合资源、兼并重组，提升综合竞争力。包括帮助协调水路运输企业和大中型货主企业对接，助其选择合适的战略伙伴，形成联姻，加强合作，互惠共赢；鼓励企业兼并重组或组成经营联盟，走规模化、集约化经营道路，增强竞争力与抗风险能力。

二是引导企业明确发展方向，提高核心竞争力。包括为公司建立现代企业管理制度、全面提升经营管理水平、拓宽融资渠道、争取上市融资提供政策支持与服务；积极引导企业明确发展方向，加快优化企业治理机构，宣传推广船舶新技术应用，为企业买卖船舶提供政策咨询服务，鼓励企业发展高效、节能、专业、技术含量高等符合公司发展方向和目标的船型。

三是推进企业绿色发展。以运营船舶节能减排为重点，贯彻上级部门节能减排政策，加强政策宣传，使企业提高绿色环保的水运发展意识。

4. 完善市场监管制度

一是把好市场准入关。根据《中华人民共和国行政许可法》和《国内水路运输管理规定》等相关法律法规要求，仔细核对企业的申报材料，按照行政许可依据及条件，重点审核企业安全管理制度、安全和防污染管理符合证明和安全管理证书、专职管理人员配备和船舶检验证书等材料，把好市场准入关。对不具备经营资质的水运企业和船舶不予审核（批）转报，确保水运企业经营资质符合交通运输部有关规定。

二是加强事中和事后监管。按照“谁审批、谁监管；谁主管、谁负责”的原则，不断完善对所管辖的行政审批事项的监管制度，建立市、县两级联动机制，加强水路运输企业及所属船舶的事中、事后监管。

三是加强经营资质日常跟踪管理工作。要求企业贯彻各级各部门关于安全生产管理的法律法规，加强内部管理，完成企业安全生产会议制度、应急演练、安全管理知识培训等常规动作；按照本市制定的统一事故隐患自查标准，每月都应开展一次自查工作，及时将企业自查、事故排查、整改情况录入“泉州市智慧安监信息管理平台”，进一步消除隐患，确保安全无事故。通过现场查阅台账、听取汇报和电话约谈制度，督查、检查及时发现不安全因素和事故隐患，针对存在的问题和薄弱环节，制定整改计划，要求企业落实整改措施，并及时反馈，确保企业经营资质维持正常，以达到有效预防和减少水路运输交通安全事故，坚决遏制重特大事故的目的。

三、泉州市水路运输业发展中政府行为存在的问题及原因

（一）泉州市水路运输业发展中政府行为存在的问题

1. 水运发展环境建设相对落后

（1）业务和管理水平不高

泉州市水路运输管理层级分为两级，市级专设水路运输管理处，沿海各县（市、区）设交通运输管理所，负责本辖区内道路、水路运输管理工作，不单独设立水路运政管理机构。目前各交通部门重陆路轻水路，注重交通基础设施建设，注重道路“两客一危”等高危行业的监管及公民投诉较多的出租车行业的管制，疏于水路运输管理。主要体现在各运管部门水路运输业务经办人员经常变更，水路运输业务不熟悉，基本停留在“重审批、轻监管”的状态，管理理念落后，服务意识薄弱。

（2）政府对船货代等水路运输服务业重视度不足

一是由于国内船舶和货物运输代理企业的设立取消了行政许可制度，一些国内船舶代理和货物运输代理公司不太重视水路运输管理部门对其开展的行业管理工作，部分企业不愿意报送有关备案资料，削弱了水路运输管理部门的行业管理力度，主要体现在管理部门对泉州市船货代企业信息掌控力度不足。

二是政府对发展船货代等水路运输辅助业能更好地服务实体经济的理念认识不强。泉州地区生产总值居全省首位，腹地经济发达，货源充足，但大部分货源却通过道路运输到邻市走水运。主要原因有两个：一是通关环境。2014 年前因为行政管理体制问题，泉州市的通关速度较厦门慢，货主为了不耽搁出货时间，宁愿多花钱也要选择从厦门出口。2014 年泉州辖区关检“三个一”便利通关模式全面推行，此方面问题不复存在，但企业养成从厦门出货的习惯一时难以改变。二是船货代企业发展环境。一般代理企业都是兼营船舶管理、货物运输及代理，直接安排货主的货上船。厦门特区有税收返还的优势，大多数船货代选择将货源从厦门上船，即使同样价格，也优先选择厦门，这样可以扩大整年贸易量，提高企业行业知名度。泉州船货代企业要与厦门船货代企业竞争，就要避开行业监管，选择避税，造成泉州大多船货代企业规模小、经营分散、

业务量萎缩、服务不规范等现象。同时几家规模较大的船货代企业总部也是在厦门，这也加剧了上述现象的发生。

（3）水运人才培养引进机制有待改善

一是海事培训教育机构少。目前，泉州师范学院设有航海技术专业和国际海员培训中心，泉州海事学校培养普通船员操作技能，但仍没有设置专门培养水运高端人才的海事专业，泉州市水运人才培养体系尚不健全。

二是人才数量不足。主要是泉州比邻厦门，厦门是相邻省、市水路运输产业群比较集中的地方，泉州在人才的吸引方面比不上厦门，大量优秀的水运人才都选择了厦门，导致泉州水运业人才缺乏。

三是人才整体业务素质不高。泉州市水路运输企业中复合型人才占比较低，多数为退休的高级船员，航海经验丰富，但管理经验缺乏。

（4）港口布局不尽完善

虽然泉州港口资源丰富，但港口发展未能从城市和区域经济发展需求的角度出发，未能集中资源开发利用、突显竞争优势，而是各地政府分散力量、各自发展，导致泉州港现有 91 个生产性泊位（其中深水泊位 25 个，仅占 27%）零散地分布于全港 4 个港区 16 个作业区和 5 个作业点，而且大多是以装卸、运输为主的第一、第二代港口，现代化、专业化程度较低，规模弱小，核心竞争力不足。同时，也导致了各港区、各作业区的功能定位不明确、利用不充分，功能交叉重叠、腹地重叠等现象严重，结构性矛盾较为突出，同质化竞争愈演愈烈。

2. 金融扶持引导企业发展的政策存在缺陷

泉州市民营经济发达，水路运输业是泉州市民营经济中的支柱产业，泉州市政府非常重视，并在全省范围率先启动了鼓励水路运输业发展的政策，出台政策的初衷是引导企业做强做大，使企业向规模化、集约化发展，推动泉州市水运业持续健康发展，但由于缺乏健全的政策更新机制和政策落实措施，导致政府引导企业发展的政策缺陷日益显现。

3. 管理模式滞后

（1）部门职能交叉，监管效率低

目前，泉州市涉水监督管理部门包括交通、港口、海事、海关、船检、工商、税务等部门。侧重对水路运输企业管理的主要有以下三个单位：泉州市水路运输管理处、泉州市交通综合行政执法支队、泉州海事局。

泉州市水路运输管理处侧重对水路运输及其辅助企业经营资质的监督检

查，对因经营管理不善导致不能满足《国内水路运输管理规定》《国内水路运输辅助业管理规定》等法律法规要求的，责令企业制定整改计划，要求其限期整改，在规定时间内不能完成整改或没有落实整改措施的，依规吊销其国内水路运输经营许可证。泉州市水路运输管理处将执法权委托给泉州市交通综合执法支队后，没有了行政处罚权，对水路运输及其辅助业的监督管理停留在静态化的年度核查层面，缺少行之有效的动态监管制度，行政监管手段单一、滞后。

泉州市交通综合执法支队侧重对水路运输及其辅助企业经营行为的执法检查，包括对违法违规经营、扰乱市场秩序、企业及船舶人员配备不足、随船证件不齐全等行为进行查处，但这些检查大多都是需要上船去监督检查，因无法掌握船舶靠泊信息且有的船舶一整年都可能不靠泊泉州港，而且没有海上执法工具，造成监管乏力。

泉州海事局则侧重辖区水路运输企业安全与防污管理体系的监督管理工作、辖区航行船舶安全检查，包括发放船舶国籍证书、所有权证书、安全管理证书、公司安全防污染证明、海事签证等。

三者在安全监管、船舶证件检查、企业人员管理、备案情况等职能方面存在交叉，多头监管、政出多门会让政府浪费一部分行政资源，也加重了水路运输企业的负担。

（2）不重视行业协会建设

目前与泉州水路运输业相关的协会有泉州船东协会、泉州集装箱协会、泉州港口协会、泉州物流协会等，常驻办公人员基本维持两个人，行业协会实现政企分离成为独立法人机构，没有职、责、权，运作仅靠会费收入。共性问题主要有行业管理断层、组织管理乏力，人员专业素质不高、自律意识不强，经费不足、规模发展不足，对泉州港航业自律和发展推动作用不强，它们基本上名存实亡。

（二）泉州市水路运输业发展中政府行为存在问题的原因剖析

1. 政府职能部门发展水路运输及其辅助业观念落后

2014 年，福建省 34 个县（市、区）取消了 GDP 考核，实施生态环境、绿色农业优先的绩效考评机制，为“唯 GDP 论英雄”的时代画上了句号。但主要地区（政府）还是以 GDP 考核为主要指标，细化到各职能部门就是绩效考核。作为地方政府或交通主管部门，完成交通基础设施建设可以加分，完成节能减排任务可以加分，改善公众道路出行环境可以加分，降低道路安全事故率可以加分，而对水路运输业考核指标仅是水路运输量和水路运输周转量（水路运输辅助业没有考核指标），对于交通部分，道路部分考核指标占据95%以上。作为职能主管部门，一方面不得不投入更多精力完成指标，避免因季度、年中检查中完不成指标被效能部门通报、年底考核被扣分；另一方面，完成这些固定资产投资项目对拉动GDP立竿见影，为民办实事改善公众出行环境，都是看得见、摸得着的政绩工程。目前，虽有不少著作以上海、深圳、香港、宁波等城市为例，论述发展水路运输业及其辅助业可拉动贸易、仓储物流业、制造业等行业的发展，进而推动区域经济发展，但是鉴于上述原因，相关职能部门发展水路运输及其辅助业观念尚未及时转变，导致水路运输管理队伍不健全，水路运输管理和服务意识相对较弱，水运发展环境不理想。

2. 政府服务政策体系滞后于水路运输业发展

纵观近十几年来水路运输业的发展情况，基本上可以归纳为三个阶段，第一阶段是2002年至2007年，水路运输业蓬勃发展，运价不断上涨，运力更新换代，由原先的散杂货船更新为集装箱、多用途船，规模不断扩大，船东赚得盆满钵满；市场效应好，民间融资、银行抵押贷款较容易。第二阶段是2008年至2011年，全球发生金融危机，运力规模扩大放缓，此时市场运力规模也趋于饱和，但船东手上还有大量的流动性资金，还是有很多企业新增或新建船舶以期待市场变好时增加利润。第三阶段是2012年至今，国内大宗商品如煤炭、钢铁、建筑材料货运严重萎缩，运力供大于求，船舶待岗时间长，营运时间短，周转率下降，运价也不断下降，导致企业经营成本增加，很多企业难于盈利，勉强支撑运营。

政府引导企业新增运力、扩大规模，无法从根本上解决问题，因为近年来随着港口基础建设不断完善，货主为节约成本寻找大船装货，市场快速发展需求推动运输船舶向大型化、多用途化、节能化发展。企业急需的资金不是新增运力的补助资金，而是更新运力的补助资金，将使用近十年的船舶更新成能满足市场需求的船舶。

随之而来的问题是企业为更新运力，纷纷寻求资金支持。水路运输企业是资金密集型企业，其行业特征决定了其发展需要大量的资金投入，投资时间长，仅购买船舶就需要进行大量的融资，但是本地融资难，政府层面的原因有以下三点：

一是政府引进、引导金融、保险机构的多元化程度不足。2012年泉州金改区获批后，泉州市大力引导金融资本、民间资本互融互通，着力建设蕴含本土特色、融资简便、渠道顺畅的金融服务实体经济体系，取得一些成效和进展。

但保险、证券、信托、租赁等金融机构设置不均衡，担保公司、再担保公司多为政府主导的国有企业或本土企业，引入金融租赁机构偏小、偏少，没有对水路运输业开展担保业务，船舶融资类型租赁公司则是空白。

二是政府未能引导构建完善的区域金融服务市场。2016 年《泉州市人民政府办公室关于印发〈重点小微企业融资项目库实施方案〉的通知》，成立了“重点小微企业融资项目库”，建立贷款风险补偿机制，为企业提供信用信贷信息查询。满足以下两个条件才能入库：①企业类别要符合国家及地方政府的经济结构调整和产业发展政策；②要有自己的核心竞争力产品并且在银行或其他金融机构无贷款。按照方案入库标准，水路运输业不在项目库中。根据泉州“以港兴市、港城联动”战略规划，水路运输业作为港航业的重要组成部分，应将其纳入重点小微企业融资项目库，为企业提供融资支持。

三是主管部门未能主动向银行、其他金融机构详细介绍泉州市水路运输业发展情况，将经营资质符合要求、信用良好的企业推介给金融机构，为金融机构提供区域内透明化的行业信息，银行对水路运输企业信息掌握不全，加上中小水运企业无信用等级、水运市场低迷等原因，受安全稳健信贷政策的制约，无法将信贷资金科学合理地投放到中小水路运输企业。与此同时，国内不少临港城市如厦门、上海、宁波、重庆等城市主动引入、引导成立船舶融资租赁公司，泉州市水运企业所属船舶融资除本市银行短期流动贷款（船舶总价的 20% ～ 30%）外，企业全是通过上述地方船舶融资租赁公司、担保公司用远高于银行同期利率进行融资的。

四是人才引进的问题，随着国内运力规模趋于饱和，高级驾驶、轮机岗位人才不再紧缺，泉州市惠安、台商、石狮、南安等地区的高级船员基本能满足泉州市船舶运力配员要求，紧缺的是跨领域、多层次，具有复合专业技术和工作履历，能从事水运市场分析、水运经营管理、港航保险、港航金融、海事法律等工作的人才。

综上所述，政府金融服务引导政策体系明显滞后于水路运输业实体经济发展，出台部分扶持政策对引导扶持企业发展的作用有限。

3. 传统行政管理体制阻碍了政府职能的转变

当前，随着新业态的不断发展，海上生产种类与区分有了新的要求，对政府监管和服务等职能提出了新的挑战。这就要求政府加快职能转变，加快行政管理体制改革，理顺政府与不同社会主体的关系，也就是说，既要把该管的事务管住管好，又要把该放的权力放开放到位。通过分析可以看出，实际上做到这两点很难。如在安全监管方面，海事部门主要以《中华人民共和国海上交通安全法》《中华人民共和国航运公司安全与防污染管理规定》等法律法规为履职依据，对水路运输企业安全营运与防污染能力实施审核发证（符合证明）；同时各级交通运输主管部门以《交通运输企业安全生产标准化建设实施方案》为依据，对水路运输企业安全生产标准等级进行考评发证。这两大考评的目标是相同的，就是加强安全监管工作，落实企业安全生产主体责任，降低水路运输事故率。虽然交通运输部发文对于持有有效“符合证明”的水路运输企业可以由交通主管部门直接发放安全生产标准化达标证书，而从行政许可法的范畴来看，谁审批，谁监督，交通主管部门、海事机构都有对水路运输企业安全监管的责任，但也存在相互推诿的现象，究其原因是传统交通运输管理体制阻碍了政府职能的转变。

一是各自为政，缺乏统筹协作。在现在国家行政管理框架下，我国涉水的管理部门众多，除交通主管部门外，其他如海事、海关都属于中央直属部门，这种管理模式在今后甚至相当一段时期内还将存在，虽然根据《国内水路运输管理规定》的要求水路运输管理部门应当与当地海事管理机构建立联系机制，但相互通报检查情况少，频率为一年一次，监督检查信息传递滞后；同时，海事、海关都属于中央直属部门都未进驻行政服务中心，企业办证需要跑三四个地方，大大降低了行政服务效率。各监管部门各自为政，往往会导致企业信息数据更新不同步、处理意见及反馈不及时等问题，长效的市场监管机制没有建立。对于行政机关来说，行政资源浪费；对于企业来说，多头监管增加企业经营压力。

二是未理顺政府部门与社会组织的关系。政府深化行政管理体制改革，强调政企分开、政事分开、政社分开。而政府职能部门和行业协会分开之后，在市场经济条件下发展结果不尽如人意。主要原因是政府职能部门“官本位”观念没转变，抓“权”不放，没委托相关监督检查的职能，没有购买服务，也未制定相关行业管理的规章制度，无法为协会创造良好的发展环境，造成水路运输相关协会小而散，各个协会协调业务的覆盖面较窄，业务几乎无法开展。而在实际的管理工作中，监督检查通常是对企业的各项制度、人员配备、证件有效性进行检查，而对企业经营行为中的监督却几乎是空白的，且监管队伍力量有限，社会（社团组织）可以填补政府监管和服务的空白项。如果不大力培育社会（社团组织），充分调动社会（社团组织）监督和参与管理的积极性，就会对政府了解水路运输行业信息、制定政策、市场监管产生一定的阻碍作用。

四、泉州市水路运输业发展中的政府行为优化建议

（一）国内政府促进水路运输业发展的经验与启示

1. 重庆：“四位一体”融资模式助力企业发展

近年来，为推动重庆市水路运输业发展，重庆市政府提出了实现全市水运现代化和完成国内航运中心建设的目标，并制定相关政策保障措施和鼓励意见：一是对水运相关部门和区县的推进工作进行目标考核和绩效考核，实行督办问责制；二是成立专项发展扶持资金，要求市财政每年划拨 2 亿～ 3 亿元专项资金预算用于发展水路运输业；三是运用中央及市补助资金构建担保平台。重庆市政府采用、推广“四位一体”的合作模式，即银行、政府、社会中介和企业共同参与创立的融资模式，2015 年重庆市交通委牵头、多家企业参与和重庆市国资委旗下的三峡库区产业信用担保有限公司就船舶新增或更新运力贷款项目担保形成统一意见并签署了合同。按照 1 ：6 的担保比例，重庆市交通委每年安排 4000 万元左右的资金用于贷款担保，可以撬动约 2.5 亿元的资金用于全市水路运输企业船舶运力结构调整，解决了企业融资难、利息高、时间短等问题，切实推动了重庆市水路运输业的发展。

2. 青岛：充分发挥协会的行业治理能力

青岛船东协会是 1998 年依法成立的社会行业组织。该协会发挥行业治理能力主要体现在以下几方面。

一是发布行业信息。《青岛航务》是一份免费向会员发放、介绍国内外航运业政策、市场运价信息、企业成功与失败的案例等与水路运输相关内容的刊物，在全国各地航运协会范围内是首例；2016 年，由青岛市国际航运服务中心、青岛大学、青岛船东协会等多家单位共同参与研制的“一带一路”青岛航运指数对外公布，主要内容客观反映青岛与国内周边、东南亚、欧美等地区的航线密集度、运价指数等指标，为水路运输企业的经营管理提供了很好的参考。

二是维护会员权益，推动促进行业自律。如清理拖欠运费：市场不景气的时候，很多物流贸易公司资金周转困难，拖欠船东的运费较多，协会召集会员单位开会座谈探讨解决办法，认为各船东应抱团取暖，团结起来停止运输欠费的物流贸易公司货物，并先后两次在报纸上曝光欠款的物流贸易公司，收回拖欠运费近 5 亿元，有效地维护了企业权益；起草、研究制定了全国首例的《青岛地区中日集装箱班轮航线市场准入公约》及相匹配的保证金制度，得到交通运输部大力支持及鼓励，对全国船东协会加强企业自律具有很好的示范作用。

三是积极向上级部门反映水运市场信息。协会广泛听取会员单位意见，及时将市场情况反映给政府部门，提升政府公共决策的可行性、有效性。如向青岛市政府递交了《关于处理集装箱拖车交通事故时不应扣押集装箱的报告》、向交通运输部提交了《关于建议重新审定港口收取集装箱船舶速遣费的调查意见》等，这些报告、意见都得到政府部门的关注，最终使问题得到有效解决。

3. 启示

通过前面介绍的政府关于水路运输发展的成功做法，可以得到以下启示：

一是政府干预是完善水路运输业发展的基础。水路运输业的发展与城市功能定位、产业布局、发展规划息息相关。泉州市作为全省三大重要港口城市之一，地理位置优越，制定公共政策时应体现其偏好性，根据现实情况及时更新各种政策扶持水路运输业，从财政预算中拿出相当比例的资金用于补贴。

二是合理的金融税费政策可以促进水路运输业稳步发展。发达国家和地区水运的税费政策，从船舶建造、运营到改建、报废，当地政府都有相应的扶持措施，在机制设定上较为健全，税收环境更加利于水路运输业的发展。泉州市水路运输企业在“营改增”之后，总税收占营业收入仍在 20% ～ 30%，导致泉州市新增船舶运力不断流失到厦门、上海、广州等地，直接影响到了泉州市船队的规模。

三是充分扶持和鼓励第三部门发展。目前世界各国都鼓励和支持第三部门发展，这不仅是政府改革的需要，也是为解决市场失灵而进行公共选择的社会价值预期所在。第三部门承担了政府和私营部门做不好、不常做的事情，保障了公共产品的有效供给，减轻了政府的经济、监管压力。

四是水运人才是实现水路运输业发展的保障。水运人才对水路运输经济的发展起到不可替代的作用，还是我国实现海洋权益强有力的保障。与港航业发达城市相比，泉州市水运人才优惠政策力度比较小，无法起到吸引水运人才的作用。

（二）优化泉州市水路运输业发展中政府行为的建议

1. 营造良好的水运发展环境

（1）加强水运队伍建设

1）进一步提升公务人员素质

水路运输业是一个知识性和专业性较强的产业，管理部门人员需要比实操人员具备更广的水运知识、更高的专业化业务水平，要具备水运法律法规、物流贸易、海事金融、船舶检验等方面的常识。目前部分政府机关工作人员每天都忙于处理琐碎的管理工作，无法及时学习和更新国内外最新水路运输知识，掌握最新动态，极易造成知识结构片面化、陈旧化。综合分析，可以从以下几个方面尝试：

第一，建立健全水运管理队伍编制。决策层要改变“重公轻水”的观念，根据“三定”原则，确保人员到岗到位，推动管理部门有序运转，更好地服务企业。

第二，加强业务培训。积极参加上级组织的各种培训，针对性地组织专家培训，组织人员去大学听取学术报告，加强与相邻地市的业务交流，不断提高管理部门人员的理论联系实际、运用科学理论处理实际问题的能力。

第三，拓宽公务员聘任渠道。聘任学历高、工作经历丰富、专业知识过硬的人才，补充完善政府组织的知识体系。使人员一旦录用很快就能胜任工作岗位，免去了培训、岗位锻炼等一系列隐形成本，降低了行政成本。

第四，提升公务人员服务意识。不断强化公务人员政治意识、宗旨意识、责任意识和廉政意识，使其真正意识到自己的权力是人民赋予的，要尽最大努力做到将群众的利益放在第一位；完善公务人员绩效考核机制，细化考核标准，扩大考核范围，侧重将群众的测评情况跟绩效挂钩，严格执行政务监督机制、工作首问负责制，加快转变公务人员工作作风，切实做到为民、务实、清廉。

2）拓宽水运人才培养渠道

一是鼓励学校与大型水路运输企业建立职业培训机构，针对性开设港航贸易、金融、法律、英语等课程，建立多元化的水运教育体系，聘请国内外水运领域专家进行教学，不断提升泉州市复合型水运人才的输出能力。

二是积极组织与全国各省（市）同类部门的学术交流、企业座谈等，探讨港航业发展前景、方向，探讨遇到的困难寻求解决办法，拓宽企业负责人的商业视野；依托航海日等全国性活动，邀请业界专家来授课培训，提升管理人员和企业的海事综合水平。

三是抓好水运复合型人才的引进工作，搭建人才信息交流平台，加大人才引进扶持政策的支持力度，并将其纳入政府绩效考核，督促相关职能部门采取相关配套政策措施，抓好协调落实，确保政策有效贯彻执行。

（2）加快电子政务建设

推动电子政务建设是政务改革的必然产物，有利于办公效率、服务质量、执法水平的提高。加快水路运政信息管理系统建设，实现泉州市水路运输行业中管理部门、企业、运输船舶、从业人员等各项业务办理和管理全过程的信息化，改变传统业务申请、受理、审批以手工录入方式进行的局面，保证水运行业业务管理可视化、规范化与标准化；加快与交通运输部、省级交通主管部门数据对接，对水路运输及其辅助业的证照信息、管理人员变更等主要数据实现全国水路运输的一体化管理，形成高效水路运政管理服务体系。主要可以通过以下几个模块实现：

一是公众网上服务子系统：是为公众提供政务信息、法律法规、行业动态、办事公开等信息查询服务的互联网门户。

二是企业网上服务子系统：是企业互联网网上申报系统，实现企业业务办理申请提交、办理进度查询、办理过程交互，同时提供相关的法律法规知识库、行业管理知识库、申请样表指南等相关信息。

三是网上审批监管子系统：该系统提供业务审批、超期监管、投诉管理、审批状态报告、数据交换接口等功能。实现政务内外网区域之间的信息和应用的交互，保障信息传递的安全性。

四是水路运政业务管理子系统：是为水路运政管理部门提供企业申请业务办理中受理、审核、审批及证书发放的支撑子系统。

五是综合决策分析子系统：该系统为水路运政管理部门用户及决策者提供数据资源的整合展示，通过多维度的图形化分析与各类主题报表为管理部门提供统计分析决策支持服务。

六是预留其他模块，如水路工程建设、水路运输市场信用数据服务、其他管理部门信息共享等系统模块。

（3）加快水运配套设施建设

一是建立泉州船货代理综合服务中心。由政府提供办公场所，将全市有一定规模的船货代企业，泉州集装箱协会、泉州物流商会、泉州物流与供应链协会等协会组织，保险、金融、报检行、报关行、理货、港口代理相关公司，“一关三检”、税务、海事等与外贸运输有关联的政府垂直管理机构，配套入驻，对企业免收五年租金；同时配套泉州港物流信息交易中心，由船货代理综合服务中心统一管理、维护、发布和收集信息等，实现船东、货主、代理人网络互动；安排一定的财政预算，对年度代理货物从泉州港出发的船货代企业，按照代理量比例补贴；对代理箱量排名前十、纳税在泉州辖区的企业给予免税。通过这些措施，促进产业聚集，全面提升船货代企业的核心竞争力和综合服务水平。

二是完善港口功能，着力打造泉州中心港区。一要充分利用岸线资源优势，完善港口优化布局，推进港口产业转型升级，主要是围绕临港产业、化工、粮食、石材等重要产业、工业、商贸物流园区、陆地港的发展，形成港口码头布局与产业经济发展相互支撑、共同发展的良性互动格局，争取做到每个码头作业区有2至3个产业园区作为支撑，每个产业园区有2至3个码头作业区作为保障，同时要大力拓展港口功能，开拓港口经济，发展临港工业、物流、商贸、金融保险、加工等行业。二要根据产业分工和产业布局，明确各作业区功能定位，形成泊位梯度，错位发展，比如：湄洲湾南岸肖厝和斗尾港区建成石油等液散物流中心，以服务临港化工产业、内陆腹地矿煤集散的大规模液体和干散货运输为主；泉州湾港区重点集中发展集装箱运输，巩固内贸集装箱枢纽港地位的同时，逐步将该港打造成外贸集装箱干线港，致力于建设区域性现代商贸物流中心；围头湾港区重点发展石材和粮食运输、集装箱内外贸喂给和全方位地对台直航运输，致力于建设对台经贸、旅游客运交流中心。

2. 优化财税引导扶持政策

（1）拓宽企业融资渠道

在当下水路运输市场低迷的情况下，融资难、融资成本高、融资模式不规范一直是困扰水路运输企业发展的难题。政府部门可以从以下几个方面尝试：

一是将由水路运输管理部门筛选的经营状况良好、诚信经营的水路运输企业纳入泉州市重点小微企业融资项目库，享受前文所述的符合国家、省市产业发展的成长型小微企业同等政策，银行业金融机构对水路运输企业发放的单笔贷款，按照《泉州市小微企业信贷风险补偿共担资金管理规定（试行）》享受风险补偿。

二是搭建船舶融资租赁平台。由政府主导（国有企业参与，普通合伙人身份），引入专业的船舶融资租赁公司（有限合伙人身份），龙头水运企业组织有意愿的本市水路运输企业（普通合伙人身份）共同组建船舶融资租赁公司。政府部门要相应建立风险补偿机制，对公司在泉州开展船舶融资租赁业务发生坏账损失的，按该笔融资租赁业务实际损失的20%给予风险补偿（市县两级各承担50%），补偿金额不超过该笔融资租赁合同金额的50%。租赁公司发生坏账损失并享受风险补偿后，政府相关部门要加强协同债务追偿，所追偿资金按补偿比例同额退还财政。同时政府给予公司在泉州市取得的营业收入一定的税收优惠。

政府主导可以提高融资租赁平台的公信力，能够使各方凝聚共识；专业的船舶融资租赁公司加入可以从专业的角度，为泉州市水运类企业量身定做融资产品，通过租赁公司平台制定标准化融资方案，可将异地挂靠船舶迁回，委托泉州当地银行针对应收租赁款设立资金托管账户，对于船东的运费结算账户予以托管，帮助企业做好现金流管理。扣除租赁公司的应收租赁款外，其余资金全由船东自由支配，有利于提高企业风险议价能力。龙头企业带头参与平台搭建，为泉州船东提供服务，必要时为平台会员单位的经营托底，一旦会员单位的船因为市场进一步恶化租不出去，或者运力不能有效释放，该龙头企业可以为会员单位进行保底经营，以保证平台船舶的正常运营。

通过融资租赁业务平台，把所有船舶、资金结算、成本管控、风险管理等统一纳入平台，把泉州水路运输企业整合到一个综合服务平台下，可以提高企业抗风险能力，解决企业外挂船舶回归难的问题，培育本土税源，扩大泉州籍船队运力规模，打造泉州在全国集装箱物流市场上的品牌。

（2）加大引导海运结构调整力度

1）优化市场主体结构

一是鼓励企业兼并重组。对水路运输企业兼并重组后 5 年内维持船舶运力 10 万载重吨以上的企业，按其缴纳企业所得税、营业税和增值税地方留成部分给予 5 年（从登记注册之日起算）财政补贴，并给予吨位税补贴，每年发放一次，缓解企业整合初期运营资金不足的压力，确保企业稳步健康发展。二是鼓励企业做强做大。对水路运输企业船舶运力达到 5 万载重吨以上，每增加一艘万吨级以上的船舶且在泉州市持续经营 3 年以上的，按载重吨给予奖励，并给予交易税、营业税补贴。持续推进泉州市水路运输经营主体结构优化，促进企业规模化经营，提高抵御风险和市场竞争能力。

2）优化水运船队结构

2015 年交通运输部印发通知，自 2016 年至 2020 年，逐年提高在环渤海、珠江三角洲、长江中下游等重要港口的硫化物、氮化物排放标准，旨在加强环境保护，减少大气污染。政府部门应提前布局，一要向水路运输经营者推广运用具有先进动力系统的节能新船型，对企业新建造节能环保性船舶给予吨位奖励和贷款利息总额 5% ～ 6% 的补贴；二要支持和鼓励水路运输经营者加大更新老旧船舶力度，降低燃油消耗，促进节约能源，减少污染物排放，对于水路运输经营者报废老旧运输船舶同时又更新船舶运力的，要给予双重奖励，从而实现沿海生态环境保护并推动企业加快船舶转型升级。

（3）积极培育市货运航线

泉州本身就是腹地型港口经济城市，货源充足，水运业发达，政府部门要引导、协调该市水路运输企业与货主单位深化合作，本着互惠互利、携手共赢的原则，通过财政扶持培育从泉州港出发的内贸集装箱航线，鼓励“泉州货从泉州走”，对于该市货物由该市水路运输企业且注册在该市的船舶承运的，按吨位给予货主、承运人单位奖励，再慢慢扩大到外贸航线，吸引更多企业将货物运到泉州出口，不断扩大泉州市港口集装箱吞吐量，从而推动泉州市港、航（水运）业共同发展。

3. 建立多中心治理模式

善治理论要求水路运输业治理要有多主体的参与，构建以政府为主导、各方共同参与的治理模式。

（1）建立涉水管理部门协作机制

现行的法律法规中，出现了一些管理的“交叉地带”“模糊地带”，地方政府要实现有效管理，充分履行职能，采取综合治理措施，调动涉水部门主动沟通、通力协作的积极性尤为重要，形成行政管理合力，才能确保各项监管工作更加有效，降低行政资源浪费，减轻企业的负担，释放他们的发展活力，提升其核心竞争力。一是明确职责。请各涉海部门以法律法规所设定的职责及机构已确定职能为出发点，认真梳理各自职责，以非常设机构海上交通安全领导小组印发相应文件执行。二是建立涉水部门协作沟通机制，如定期信息通报制度、联席会议制度等，一季度召开一次交流会，就阶段性工作深入交流；政府主导，强化部门协同，针对重难点问题，视情况紧急程度召开协调会，就单个事项进行研究探讨，制定出台相关工作意见和专项整治方案，各涉海部门要依法履职，组织检查、抓好问题的整改落实，必要时纳入部门绩效考核。三是探索建立信息共享机制，共享辖区执法信息，加强联动，形成合力，提升监管层次，扩大监管效果。

（2）建立健全行业协会功能

一是将水路运输业相关协会进行整合。将以前挂靠在政府职能部门随着行政管理机制脱离出去的船东协会、集装箱协会、港口协会、航运物流协会进行整合，指导、帮助其建章立制，解决水运相关协会小而散、服务水平不高、相互之间不沟通、作用不突出等问题，形成行业化、规范化、便于协调管理的港航行业协会。

二是培育协会使其发展壮大。整合完成后，政府应出台专门的针对协会税收的优惠政策，扩大购买服务的范围，如港航课题研究、企业安全标准化考核、企业年审等，增加协会营收进项，确保成立初期协会的平稳过渡，帮助其减轻运营负担，降低行业协会工作的内部成本，调动行业协会参与政府管理的积极性。鼓励行业协会开展教育培训、管理咨询等服务收费性项目，慢慢脱离对政府及主管部门的依附，能够在资金、自身发展规划等方面充分享有自主权。

三是赋予并明确行业协会的管理职能。如委托协会做好行业信用管理建设工作，开展辖区企业诚信创建活动，搭建行业性的信用信息平台，推动形成市场约束和惩戒机制，监督企业单位遵守，对失信行为定期进行分析和报告，完成对港航企业的信用认定审核；委托开展行业培训，有计划有组织地学习行业法律、法规，有效落实上级政府的政策，进一步提升从业人员的综合素质。整合成员单位优势资源，组织开展与“一带一路”沿途国家水运协会的考察交流活动，借此契机推介泉州及泉州港、航（水运）业的优势，寻找合作机会；委托开展水路运输市场政策研究、发展方向预测，组织有意愿的成员单位到国内发达港口城市学习交流，汲取可借鉴的发展经验、政策措施，向政府相关部门提出行业公共政策制定的参考意见；加强与本市内其他行业协会的联系交流，推动有意愿的企业组成战略联盟，促进产业群集聚。

四是加强指导，切实提升服务企业的水平。鼓励推动制定行业协会公约，在船东融资、资金收付、运费保理、统一保险、船舶物料集中采购、加油、货源支持、修造船和船舶资产处置等方面由协会代表船东统一谈判，提高议价能力；对内不干预企业独立经营，督促会员单位遵守公约，对于不遵守公约的单位，根据公约规定清退其会员身份，并终止其享受协会提供的信息服务、成本管控等便利优惠政策。引导企业规范有序经营，减少企业流动资金需求，优化经营和融资成本，直接让利给企业，提高企业的抗风险能力。

（3）充分发挥公众参与社会管理的作用

一是创新公众参与社会管理机制。大多企业仍旧认为社会管理是政府部门的事，自己只是被管理的客体，把本身和管理部门理解定义为“民”和“官”的概念。因此，政府需要加强宣传引导，转变企业的社会管理意识，通过问卷调研、网上调查、在线咨询、民意征集及加强政府信息公开制度管理等方式，充分发挥其组织、动员、调动、凝聚船东、水路运输经营者的职能，鼓励更多的公众积极参与到水路运输业管理中来，这样制定的政策、制度才具有可行性、前瞻性，更好地推动泉州市水路运输业发展。

二是强化公众参与社会管理的“主人翁”意识。各级管理部门要提升服务水平，端正服务态度，积极听取船东、水路运输经营者的意见、建议并及时予以反馈，改变他们的冷漠和对社会埋怨的心态，慢慢提高他们参与社会管理的积极性和自觉性，提高其参与社会管理的能力。

水路运输是国内、全球贸易往来的重要通道，但仅是综合交通运输方式之一，与其他交通运输业的改革及发展有一定的关联性，本节仅讨论泉州市水路运输业发展中地方政府行为优化的对策，有一定的局限性，加上笔者工作经验不足，对政策的制定和效果把握仍有不足。

第二节　内河水运行业扶持政策创新研究——以广西为例

一直以来，在广西政府的科学谋划和大力扶持下，广西内河水运行业紧紧抓住打造西江黄金水道、珠西经济带发展和北部湾经济区开发等机遇，在培育经营主体、扩大船队规模和提高服务能力等方面取得了巨大的成绩，内河水运发展提速，西江亿吨黄金水道基本建成。但与水运先进国家相比，广西在内河水运行业扶持政策方面仍然存在不足，直接影响到广西区域经济的稳定、健康发展，引起了社会各界的广泛关注。

一、水运行业扶持政策研究的基础理论剖析

为避免概念用于不同场合产生误解和方便对广西内河水运行业扶持政策体系进行分析，笔者在此先做一些必要的说明，明确内河水运行业及水运扶持政策的概念。

（一）内河水运

笔者在此对内河水运行业的概念进行相应引申：从狭义的角度看，内河水运行业可以引申理解为主业为船舶运输业的行业；相反，从广义的角度来看，内河水运行业包括但不限于在经营航线上的船舶运输业，它由船舶租赁业、港口装卸、船舶驳运、港口仓储业、港口理货、货运代理业、船舶代理业等相关子行业组成。在此，笔者明确本节在论述中提到的内河水运行业是指广义角度的内河水运行业。

（二）内河水运扶持政策

1. 水运扶持政策的概念

由于目前尚无专家学者对水运扶持政策给出具体的定义，笔者经过深入思考，根据内河水运的定义、扶持政策的定义、本人对内河水运和公共政策的理解对水运扶持政策做出以下定义：国家或地方政府为解决水运行业发展问题，达成发展水运行业的公共目标，根据其经济发展的实际，出台实施的用于规范

和指导水运有关机构、团体或个人的行动，以实现对水运行业进行相应的鼓励、刺激、培育、保护的方案。从其载体的类型看，内河水运行业扶持政策主要包括政府为促进内河水运行业发展而下发的相关领导讲话、通知、行业发展报告以及具体发展的相关规划和战略等。

2. 水运扶持政策的手段

政府为了实现其水运扶持政策目标而采取的方式、方法就是水运扶持政策的手段。水运扶持政策的手段主要有以下三种。

①行业引导。如制定水运行业总体发展规划、市场准入政策、运力投放政策等。

②水运补贴政策。水运补贴有直接补贴和间接补贴之分，从补贴的对象分，直接补贴是指船舶的所有人享受的补贴，间接补贴是指船舶的经营者享受的补贴。现行的直接补贴政策主要有船舶营运补贴政策和购买、新建、拆解运输船舶补贴政策等；而航运金融政策（含水运保险政策）、船舶经营所得税优惠政策和运输船舶加速折旧政策等为间接补贴。水运补贴政策的颁布和实施有利于减轻水运企业的经营压力，扭转水运企业亏损的现状。

③水运人才培养政策。包括船员个人所得税政策、水运行业人才引进政策和水运行业人才培养政策等。

二、广西内河水运行业扶持政策现状及存在的问题分析

新时期以来，广西相继出台或实施了一系列内河水运行业扶持政策，这些扶持政策的实施在一定时期内使广西内河水运行业取得了长足的发展，但在经济发展需求、技术进步、社会发展等不断变化的形势下，部分扶持政策由于没能及时进行相应调整，已失去原有的作用甚至一定程度上阻碍了广西内河水运行业的正常发展。

（一）广西内河水运行业扶持政策的现状

广西的内河水运行业扶持政策作为广西经济政策的重要组成板块，是实现广西双核驱动战略的重要手段，其目标为解决内河水运行业发展过程中存在的问题，促进行业稳定发展。长久以来，广西一直极其重视和支持其内河水运行业的发展，组建了高层次、高规格的领导机构，如在 2010 年 7 月，广西壮族自治区党委、人民政府成立了以自治区党委书记、人大常委会主任郭声琨和自治区主席马飚为组长，相关厅局主要领导为组员的西江黄金水道建设领导小组。

同时，沿江的各地市也相应成立了建设领导小组和工作机构，形成了上下联动、合力共推的良好工作局面；并逐步建成以《关于打造西江黄金水道促进区域经济协调发展的若干意见》为核心的广西内河水运行业扶持政策体系。

1. 广西内河水运行业发展战略及指导规划

2010 年 9 月，为充分发挥广西内河水运优势，自治区党委、人民政府制定并颁布了《关于打造西江黄金水道促进区域经济协调发展的若干意见》，全面并系统地指出广西内河水运行业发展的重大意义、指导思想、基本原则、建设目标和主要任务，为广西内河水运行业的发展提供了系统化的政策扶持。《关于打造西江黄金水道促进区域经济协调发展的若干意见》明确广西内河水运行业必须在科学制定规划、加快项目建设的同时加强工作协调，全力开放合作，进而实现广西内河水运行业发展的总体目标，完成主要工作任务。此外，为有效贯彻落实《关于打造西江黄金水道促进区域经济协调发展的若干意见》的相关规定，广西不但提出了加大财政投入、吸引社会资金、落实扶持政策、创新体制机制等四个政策保障措施，还从建立领导机构、全面落实责任、加强舆论宣传三个方面落实组织领导。《关于打造西江黄金水道促进区域经济协调发展的若干意见》对广西内河水运行业进一步加强水运基础设施建设，加快建设畅通、高效、平安、绿色的现代化内河水运体系有重要的指导意义，有利于推动广西实现科学与和谐发展。

为做好《关于打造西江黄金水道促进区域经济协调发展的若干意见》的宣贯工作，自 2010 年以来，广西先后建立或健全水运行业市场准入政策、水运行业保险政策、水运行业营改增政策、内河船型标准化补贴政策、水运行业人才扶持政策等一系列以该意见为核心的水运行业扶持政策，促进了其内河水运行业的飞速发展。

2. 水运行业市场准入政策

水运行业市场准入政策作为政府相关部门对水运企业或个体工商户进入水运市场进行干预的基本制度，是政府批准水运企业或个体工商户进入水运市场，从事水运相关经营活动的准入条件、准入程序和准入规则的法律规范的总称。水运行业市场准入政策不仅是规范水运市场秩序的第一道关口，还是从源头治理水运安全和保护环境的关键环节。2012 年广西壮族自治区人民政府印发的《广西壮族自治区内河水运发展规划》中明确指出：建立内河水运市场准入制度，保证内河水运安全，提高内河水运服务水平。2013 年和 2014 年，《国内水路运输管理条例》《国内水路运输管理规定》和《国内水路运输辅助业管理规定》先后颁布实施，广西深入宣传、严格落实，其水运市场准入政策迈上科学化、规范化、法制化的新台阶。广西水运行业市场准入政策主要涉及水路运输业务和水路运输辅助业务两个方面。

（1）水路运输业务

广西内河水路运输业务市场准入的现行相关规定主要集中于《国内水路运输管理规定》，其市场准入程序包括申请、审核与决定、发证，其中申请程序中材料的申报需按照审批权限向水路运输管理部门提交。

（2）水路运输辅助业务

广西内河水运辅助业务市场准入的现行规定主要集中于《国内水路运输辅助业管理规定》，其中，经营船舶管理业务的市场准入程序包括申请、审核与决定、发证三个程序，但船舶代理、水路旅客运输代理、水路货物运输代理业务的市场准入则不同，只包括申请、备案两个程序。

3. 水运行业保险政策

水运行业是一个高风险的产业，对风险管理的需求远高于一般性行业。目前，学术界对水运保险还没有明确的定义，结合不同学者的理解，笔者认为，水上保险是指在水上这一特定的领域内，为水路运输和水上贸易提供风险保障的一种保险。水运保险可以为水运企业或水运金融活动等提供第三方专业的风险管理解决方案，水运保险的发展有利于提高水运行业的服务供给能力，增强水运企业的抗风险能力和竞争力，可以说水运保险是水运金融发展的重要支柱。但长期以来，由于缺少有效的政策扶持，广西水运保险行业发展缓慢，保险产品主要是市场准入门槛较低的货运险，对于一些技术性要求高的业务，如承运人责任险、码头责任险和船舶险等规模较小，不利于广西水运行业的长远发展。

随着广西内河水运行业的飞速发展，广西政府日益重视水运保险的发展，对水运行业保险的政策扶持力度加大。如 2015 年 5 月，广西政府在《广西壮族自治区人民政府关于促进广西北部湾经济区开放开发的若干政策规定》中明确：从事国际航运业务或国际航运保险业务且在经济区内注册的企业，广西政府将视其业务开展情况给予一定奖励。2016 年 6 月，广西政府在《关于印发〈广西招商引资三年行动计划（2016—2018 年）〉的通知》中指出：重点围绕船舶保险等高端航运服务产业，开展精准招商活动等。广西政府的这一系列水运行业保险政策促使广西水运保险行业加快发展，如 2016 广西西江航运交易所在广西贵港市正式挂牌成立，交易所依托“互联网 + 航运”新模式为水运保险发展提供了平台。2017 年 3 月重庆船东互保协会广西分会及理事会在贵港市成立，在广西西江航运交易所上市，填补了广西内河航运互保业务的空白。

4. 内河船型标准化补贴政策

内河船型标准化补贴政策是指对正在使用的不符合新标准的船舶、不符合安全环保新规范的船舶、限制过闸船舶和限制在特定通航水域航行的船舶采取资金补贴等措施，引导和鼓励进行更新、改建并对船舶所有人给予补偿的政策。新时期以来，广西内河水运行业不但运力严重过剩，而且船舶老龄化现象十分严重。内河船型标准化补贴政策一旦出台，一方面可以促使船东提前拆解老旧运力，有效缓解其运力过剩和船舶老龄化的态势，另一方面可以促进其节能减排策略的贯彻落实，由此实现广西内河水运行业的全面升级。

5. 水运行业人才扶持政策

随着内河水运行业的飞速发展，广西的水运企业日益大型化、现代化和信息化，运输船舶也日趋大型化、专业化和科技化，水运企业和运输船舶的发展促使内河水运行业对水运人才有了更高的要求。长期以来，广西政府一直致力于水运人才队伍的壮大工作，水运人才扶持政策是广西扩充水运人才队伍最有效的手段，广西水运人才扶持政策主要有水运行业人才引进政策、水运行业人才培养政策和船员个人所得税优惠政策。

（1）水运行业人才引进政策

水运人才是水运行业发展的关键，不仅是水运行业发展的支撑者，还是水运行业发展的引领者和带动者。水运人才的培养需要一个过程，不可能一蹴而就，因此，广西要补充水运人才，最快捷的方式就是引进人才，这样不但可以直接省略漫长的人才培养期，还可以实现广西水运行业人才水平的快速提高。国务院虽已在《国务院关于加快长江等内河水运发展的意见》（下称《意见》）中强调：各省（自治区、直辖市）要加强水运行业人才培养，不断提高从业人员素质，提升水运科技与管理水平。但在《意见》的宣传中，广西并没有对水运人才的培养政策进行细化，使得广西内河水运行业在水运人才方面还缺乏地方性的指导意见。水运人才的引进关系着水运经济发展的快慢，为快速提高水运人才的水平，广西政府应尽快配套出台地方性水运人才引进政策。

（2）水运行业人才培养政策

要保障水运人才引进的稳定，光靠引进国际人才是不行的，还必须要有专门的水运人才培养体系。当前，大中专学校、水运企业是广西水运人才培养的主体，但由于水运行业本身具有特殊性，水运人才的培养不仅要投入巨额的资金和专业的设备，还要为学生提供专门的实训场所。但目前，广西仅有钦州学院和广西交通运输学校有条件为学生提供水运实训基地，这在一定程度上表明广西政府对大中专学校水运资金投入有所欠缺。

（3）船员个人所得税优惠政策

作为一种国际性的人力资源，船员这一职业可以说是专业性、风险性、艰苦性和动荡性并存的。广西为促进船员队伍健康发展，保障船员的利益，根据《中华人民共和国个人所得税法》的相关规定制定了船员个人所得税优惠政策，根据该政策：船员个人所得税可以按月预缴，但到年终缴完后，将重算船员年度总薪酬，并据此做个人所得税计算。最终的个人所得税总金额可分月平均交纳，并实行多退少补。

（二）广西扶持内河水运行业发展政策存在的问题

通过调查发现，广西扶持内河水运行业发展的政策存在以下问题：

1. 水运市场准入政策不完善

广西的水运市场准入政策为其内河水运行业的飞速发展奠定了坚实的基础，但不可否认，随着时代的变迁，其已不再适应社会经济和现实的需要，主要表现在以下三方面。

（1）相关立法的层次与调节效力较低

广西出台或实施的有关内河水运市场准入的立法均只是通过国务院令、地方政府和交通运输部令发布的行政法规、地方性法规和部门规章（法律0部，行政法规1部，地方性法规1部，部门规章9部），效力层次相对不高，相关的规范虽多，但太分散，并且效力高低不一。除国务院发布实施的《国内水路运输管理条例》效力较高外，其他的规章或规定等不但形式过于分散，修订也过于频繁，不利于相关部门之间水运相关准入管理的统一和协调，特别是在采取区域性、临时性调控措施时，水运主管部门往往无法可依，力不从心。

（2）水运市场准入的条件不完善

《国内水路运输管理条例》虽然在水运市场准入方面对企业资格和经营范围、船舶运力、海务机务和高级船员数量方面进行了明确的规定，但对一些事关运力调控的因素规定过于模糊甚至没有规定，如船舶技术标准方面的“有符合本规定要求的船舶”，从业人员要求方面的“有符合本规定要求的海务、机务管理人员、与其直接签订劳动合同的高级船员”等条款的规定过于模糊，而企业注册资本方面没有明确的规定。水运市场准入条件的不完善给工作人员带来了极大的不便，如由于船舶技术标准和从业工作人员方面的要求过于模糊，工作人员无法利用船舶技术标准和从业人员要求对水运运力进行调控。

（3）水运运力调控过于主观和单一

虽然交通运输部指出：研究内河运力调整的战略或规划应从市场经济发展的实际出发，应在采用必要的行政手段的基础上，充分利用经济、技术和法律手段对水运运力进行调控，进而优化运力结构。但根据笔者对广西内河水运行业的研究，广西对于水运运力的调控主要利用行政手段。提高水运市场准入门槛、暂停水运市场准入行政审批等是广西水运行业管理部门所常用的行政手段，而经济和技术等手段则利用甚少，可以说是典型的重审批轻监管，重准入轻退出，水运运力调控机制有待完善。

2. 水运行业保险政策不完善

水运保险是一种高风险的业务，国外水运发达国家对水运保险均是大力扶持的，如给予税收优惠等。与水运发达国家相比，广西的水运保险政策则是比较落后的，主要表现在以下方面。

（1）水运保险相关法规不完善

根据走访广西保监局行政许可中心所得资料显示，目前国内没有专门关于水运保险的法律，《中华人民共和国保险法》也没有专门的水运保险条款，广西水运保险管理只能参照《中华人民共和国海商法》和《中华人民共和国保险法》，水运保险法规建设有待加强。

（2）水运保险在税收方面的优惠措施非常有限

根据有关资料显示，广西至今尚未制定水运保险在营业税、所得税和合理费用税前列支的优惠政策，在水运保险的保险监管、外汇监管和证券监管等领域，急需广西政府创造更宽裕的政策软环境。

（3）水运保险产品创新缺乏保障

由于保险产品具有高度开放性，即使是新的保险产品，其承保范围、价格、责任和期限等内容都必须在保单和条款上详细体现出来，否则容易遭受同行模仿使用，缺乏知识产权保障。

3. 内河船型标准化补贴政策不完善

内河船型标准化补贴政策的实施大大促进了广西内河水运行业的发展，但由于该政策在执行中存在一些问题，一定程度上影响了内河船型标准化补贴政策的实施效果，具体表现如下：

（1）政策实施周期过短，定点船厂过少

根据《内河船型标准化补贴资金管理办法》规定，广西内河船型标准化补贴期限为 2013 年 10 月 1 日至 2015 年 12 月 31 日，政策实施周期有两年多，但减去政策宣传学习贯彻时间，实际有效执行时间只有一年半左右；同时由于该政策规定造船和拆船完工的截止时间均为2015年12月31日，受利益驱动，水运企业或个体户为了享受更多的燃油补贴，会自发尽可能拖到截止时间前开始造船或拆船，造船和拆船时间的集中意味着船厂订单的集中，由于定点的船厂过少，仅有十几家，根本无法短时间内完成暴增的订单。

（2）政策执行流程不合理

根据《内河船型标准化补贴资金管理办法》的规定，船舶拆解时，市级交通运输部门和海事管理部门须各安排1至2名工作人员到现场对船舶拆解进行监督。虽然这个规定在一定程度上可以有效避免船舶拆解的弄虚作假，保障政策落到实处，但同时也给具体负责政策实施的港航管理部门和海事管理部门在监督人员安排方面带来了极大的困难。

4. 水运行业人才扶持政策不合理

目前，广西对水运行业人才的扶持政策不够合理，不仅降低了内河水运行业对水运人才的吸引力，还大大影响了广西内河水运行业人才的数量和质量，主要表现如下：

（1）对船员税收政策缺乏关注

根据广西壮族自治区地方税务局官网资料统计：2010年到2015年，普通居民的个人所得税5年4调，调整十分频繁，幅度也相对较高，起征点从起初的800元调整到3500元，而2010年至2015年船员的个人所得税政策仅调整了1次。由于广西政府对船员的税收优惠政策缺乏关注，对船员的优惠力度在逐渐减弱，不仅严重打击了船员工作的积极性，还严重阻碍了广西高级水运人才队伍的发展壮大。

（2）缺乏地方性的水运人才引进优惠政策

近年来，广西不断加大人才引进的力度，如出台实施“特聘学者”“特聘专家”制度，大力培养和引进国内领军人才；推动实施“人才工程”，加强留学人员回国服务工作等，一定程度上提高了广西内河水运行业人才引进的数量和质量，但由于缺乏专门的水运人才引进优惠政策，广西内河水运行业对国际水运人才的吸引力较小。

（三）广西扶持内河水运行业发展的政策存在问题的成因

虽然广西内河水运行业扶持政策的出台和实施促进了水运经济的发展，但要保证该公共政策的有效执行则是非常复杂的，不但会受公共政策本身因素的影响，还会受其执行主体的影响。笔者在此主要从扶持政策本身与执行者两个方面来分析扶持广西内河水运行业发展的政策存在问题的成因。

1. 扶持政策本身因素

（1）水运扶持政策缺乏合理性

根据公共政策执行理论，公共政策要求反映客观存在，因而政策的执行须符合客观事物的发展方向，一旦背离客观事物的发展方向，即表示政策不再合理，需要改进。如内河船型标准化补贴政策的执行，造船厂在一定时期内的生产能力是有限的，因内河船型标准化补贴政策出台带动的大批老旧船舶的拆解和改造违背了客观事物发展的方向，使得造船厂的业务量远远超出了其生产能力，出现排队等候拆船现象，影响船舶拆解改造的周期自然在所难免。

（2）水运扶持政策缺乏明晰性

目前，广西在实践中广受争议的内河水运扶持政策大都为实施方案或试点方案，政策本身的强制性不够强，以致其适用范围难以确定，政策执行时自然会出现问题。

2. 水运政策执行者因素

（1）扶持政策执行者素质存在差异

政府机构作为公共政策的执行者，其人员素质参差不齐，从来源看，有的是通过公考进来的大中专毕业生，有的是面向社会招录的社会青年，有的是部队转业的军人；从学历看，虽然近几年来通过公考进来的都是大专以上学历，但也存在相当一部分只有中专或高中学历的老员工；从专业知识结构来看，虽然大多数人的专业与岗位是对口的，但由于各政府机构不仅仅是行业管理部门，从其本质看更是一个公共管理机构，这就要求政府机构工作人员在具备专业特长的同时还要具备一定的公共管理能力，但现实中，政府机构中真正公共管理或行政管理专业出身的人寥寥无几。素质上的差异必然会导致政策理解上的偏差，同一个政策，不同的人执行会产生不同的效果，最终目标自然也难以实现。如百色市港航系统的 8 个港航管理所所长，其素质均有所差别，有本科学历的，也有中专学历的；有部队转业的军人，也有引进的大中专毕业生。素质的差异使得其在实施水运市场准入政策时出现截然不同的做法：有的所长积极通过市场准入政策对运力进行调控，有的所长则是逢申请必同意，丝毫不考虑市场运力情况。

（2）信息反馈机制失效

一个优秀的政策执行者，不仅要把政策制定者的意图完整有效地传递给政策服务对象，还要在政策的执行过程中积极听取收集反馈政策服务者的意见给政策的制定者，为政策制定者调整政策提供参考。但现实中，很多政策的执行都没能做到这一点，如广西在实施水运营改增政策过程中，虽然也建立了信息反馈机制，如在政策宣传通知里面有信息反馈联系人和电话、组织政策实施调研等内容，但由于政策执行者和相关者不重视，认为政策修订是省部级单位的工作，基层单位的使命就是执行，导致信息反馈机制失效，政策执行中存在的问题没能有效反馈到政府相关部门，自然也没能引起政府相关部门的重视，政策调整也无从说起。

三、广西扶持内河水运行业发展的对策创新建议

广西内河水运行业扶持政策创新的实现，需建立相应的创新机制：首先，广西内河水运行业扶持政策的创新不仅要能有效满足广西内河水运行业发展的需求，还必须能兼顾广西区域经济发展的需求，此外，必须经过权威水路运输科研机构的深入研究并通过其客观评估，以有效避免因单方面政策创新引发新的难以处置的问题；其次，广西内河水运行业扶持政策的创新既要能避免水运运力供求不平衡，也要能避免地方政府滥用政策影响内河水运行业的良性发展；最后，广西内河水运行业扶持政策的创新还必须能够使内河水运行业长期以来的真实诉求得以体现。因而，在创新完善广西内河水运行业扶持政策应遵循的基本原则如下。一是坚持对外开放原则。故步自封不仅会造成经营低效，还会致使水运企业竞争乏力，对外开放才是提高水运企业竞争力，提升水运企业活力的良径。二是坚持与国际接轨原则。只有坚持与国际水运先进国家接轨，培育先进带动后进，构建国际领先水平的内河水运行业管理制度体系，才能最大限度集聚水运要素。三是坚持广西特色原则。广西内河水运行业扶持政策的创新不能只简单地照搬照抄，必须要从广西实际出发，加强控制本地内河水运市场开放的领域、节奏，坚持能放则放，不能放坚决不放。四是坚持可进可退原则。要客观评估广西内河水运行业扶持政策创新的成效，推广好的成果，勇于收回不好的水运扶持政策。五是体现出水运政策创新的效果原则。广西内河水运行业扶持政策创新要保障经济安全，维护国家利益，提升广西内河水运行业的竞争力。

基于以上的创新机制和创新原则，笔者在此对广西内河水运行业扶持政策提出以下创新建议：

（一）完善水运行业市场准入政策

1. 完善水运市场准入立法的指导思想

一要体现当代水运发展的趋势，应把水运市场准入与水运发展规划、水运发展目标相关联，通过优化水运运力结构，促使水运企业扩大经营规模、升级运力，从而体现出水运产业政策的要求与水运发展的时代特征。二要提升水运市场准入法律效力。水运市场准入应当有法可依，虽然水运行业在行政法规和规章层面已较完善，但在法律层面，我国目前尚未建立水运法律体系，导致现行的水运市场准入政策效力不高。三要贯彻适度保护的理念，适度保护是一种以提升水运企业竞争力为目的的积极性的保护，适度保护应具有战略思维，对由于竞争过于激烈而不利于水运企业健康发展的市场领域，政府应当加大保护力度，同时，保护力度还应随着水运发展形势的变化而变化。

2. 完善水运市场准入条件

一是增加水运企业注册资本条款。鉴于水运市场具有其特殊性，因此在设立水运企业时很有必要设置注册资本条款，但由于《中华人民共和国公司法》已经明确规定：取消有限责任公司的最低注册资本要求。因此，要把水运企业注册资本设为市场准入条件就必须在立法的相应条款中明确表述。二是增加船舶技术标准条款。应授权交通运输主管部门根据市场调控的原则，对水运企业的船舶技术标准（如船舶数量、船龄和吨位等）方面的要求进行相应调整，从而控制船舶运输市场主体数量、规模和市场结构。三是增加水运从业人员要求条款。应授权交通运输主管部门对水运高级业务管理人员的管理范围、资格和最低数量要求，以及从业资格条件和程序等内容加以具体规定。四是增加安全监管条款。规定对水运企业的经营资质、经济政策、船舶技术和安全设施等须进行统一的管理，借此避免因船检、海事和港航部门管理交叉、政出多门而造成船舶检验、登记和市场准入管理的脱节。

3. 完善水运运力调控机制

一方面可以通过实施更严格的船舶准入和老旧运输船舶报废制度，促使其尽早退出市场；同时通过调整对新建示范船、船舶提前拆解或改造的资金补助力度实现对水运运力的动态化管理。另一方面，建立合理的水运市场退出制度。首先，应完善水运市场退出相关法律法规，为水运市场退出提供规范的法律保障；其次，应在水运市场监管体制较完善的基础上，逐步建立市场主导型的水运市场退出机制，提高水运企业的抗风险能力和市场竞争力；再次，应建立科学的水运企业考核评比体系，以控制与衡量水运市场的风险程度，并为水运企业退出提供依据；最后，应完善市场退出保护机制，构建有利于水运企业市场退出的市场环境。

（二）完善水运行业保险政策

1. 加强广西水运保险法规建设

广西政府应学习新加坡等水运强国水运保险市场法规体系的先进经验，建立健全水运保险法规体系，进一步完善我国《中华人民共和国海商法》的相关条款。同时，广西政府应充分发挥广西水运保险协会的作用，积极参与国际水运保险制度、规则的制定和修订，从而提高广西水运保险的技术和水平，提升广西水运保险企业在国际上的竞争力。

2. 加大广西水运保险税收的优惠险种范围和扶持力度

一是适当减免企业所得税。受水运行业特殊性影响，水运保险行业具有保险人前期投资大、经营风险高的特点，需要政府加以扶持。笔者建议广西政府借鉴新加坡做法减免航运保险承保利润及投资收益的所得税，从而提升保险航运企业的利益空间，提高其开展水运保险业务的积极性。二是适当减免营业税。建议广西政府逐步把港口责任险、从业人员意外险等纳入水运保险的税收优惠范围，适当减低甚至减免保险公司关于内河水运业务的营业税。三是逐步减低个人所得税。由于水运保险对其业务人员要求非常高，如既需其精通担保、救助和定损等服务，还需其熟悉海事、贸易方面的运作流程，甚至还要精通相关法律法规，因而广西水运保险人才紧缺。建议广西政府逐步减低水运保险人才的个人所得税，同时适当增加抵税项目，从而吸引并留住人才。

3. 加大广西水运保险产品知识产权的保护力度

一是建议广西政府明确创新保险产品的地位，如在《中华人民共和国专利法》中增加创新保险产品受知识产权保护条款。二是建议广西政府借鉴海外先进的做法，给予创新保险产品的设计者 3 年独占试办权。三是建议广西政府明确创新性保险产品的不正当竞争原则。如禁止批准对他人权利造成损害的创新性保险产品。

（三）完善内河船型标准化补贴政策

1. 延长内河船型标准化补贴政策实施周期

政策的延长有利于拆船、造船时间的分散，从而有效缓解水运运力过剩，减轻广西政府的财政压力，对广西内河水运行业的健康发展真真正正起到推动作用。

2. 保证政策实施的公平性

广西政府应建立健全内河船型标准化补贴的发放和使用监督机制，保证政策实施的公平和公正，如一方面制定合理的补贴发放和使用办法，并开展绩效考核，监督其补贴专款专用；另一方面通过监督政府从顶层设计出规范化的流程来保障补贴的正确发放；此外，通过加大对地方政府执行者的培训来提高其对水运企业的指导水平，以此吸引水运企业，提高政府公信力。

3. 尽快降低老旧运输船强制报废年限

广西现有老旧船众多，对老旧运输船舶强制报废进行“降龄”，将有效缓解区域内运力过剩的问题，对水运市场产生巨大的推动作用，同时，也有利于提升广西内河的航行安全状况，促进节能减排和生态环境的改善。

（四）修订水运行业人才扶持政策

1. 合理调整船员个人所得税政策

船员是一个十分特殊的职业，具有职业国际化的职业特殊性，因此船员的薪酬应用国际标准来衡量。虽然当前广西也相应制定出台了船员个人所得税政策，设立了船员的个人所得税起征点，但已经不适应当前经济发展的要求，船员的个人所得税起征点应在充分考虑陆地工资平均增长率和广西经济发展实际的基础上，以建设海运强国的发展目标来审视，这样才能提升水运行业的吸引力，提升水运从业人员的自豪感。

近年来，我国的个人所得税起征点已经多次调整，但船员的个人所得税起征点并没有进行相应调整，导致目前船员的个人所得税起征点偏低，与其职业的特殊性不符。因此，笔者认为广西政府有必要调整个人所得税政策，进一步加大对船员的个人所得税优惠力度。

2. 尽快制定实施地方性水运人才引进政策

关于广西地方性水运人才引进政策的制定和实施，笔者认为可以从降低学历要求和入籍的限制方面着手，具体如下：

①建议广西政府从广西水运发展实际出发，进一步降低水上驾驶、轮机等水运相关岗位的学历门槛，如一方面可以考虑将水运人才引进范围适当放宽，把大学专科的人才纳入其中，另一方面可以考虑合理放宽船长和轮机长的任用年龄，从而达到壮大广西船员队伍的目标。

②建议广西政府进一步提高水运人才引进的效率，合理降低水运高级人才加入中国国籍的门槛，如一方面可以考虑实施绿卡指标水运高级人才配额制、绿卡申办积分制等；另一方面，简化外籍国际水运人才的签证手续，甚至赋予其配偶自由工作权，提高广西水运行业对国外水运人才的吸引力。

3. 增加水运人才培养的资金投入

针对当前广西水运相关大中专学校和水运企业在培养水运人才方面的资金困难，一方面，广西政府可以通过设立水运教育基金和实施校企合作计划等措施来解决水运人才实习和实训经费困难的问题；另一方面，广西政府应通过颁布实施水运相关专业应届毕业生就业补贴等税收优惠政策有效分担内河水运企业培养水运行业人才的成本，并进一步鼓励、引导区内的内河水运企业加强校企合作，培养专业人才。

最后，笔者认为政策具有时效性，必须与时俱进，随着经济和社会的发展适时调整。广西的水运扶持政策也是如此，既要保持一定的连续性，保障水运企业的平稳发展，又要及时调整，合理完善创新，使其具备一定的竞争力。

第三节　供给侧结构性改革下的水运发展措施研究——以珠江为例

珠江作为我国第二大通航河流，连接云南贵州、横贯广东广西、通达香港澳门、辐射东盟，珠江水运在服务国家重大战略、促进流域经济社会发展、优化沿江产业布局、促进就业和扶贫攻坚等方面发挥着重要作用。近年来，随着全面深化改革和推进国家治理体系和治理能力现代化步伐的加快，改革的发力点转到调整经济结构上，国家实施了供给侧结构性改革战略举措。随着交通运输领域供给侧结构性改革的深入推动，对珠江大力推进水运供给侧结构性改革，加快水运提质增效升级发展也提出了新要求。近年来，珠江水运的发展取得一定成绩，但在管理体制机制、航道建设和管理、港口发展、水运信息化等方面存在很多短板和不足，限制了珠江水运的科学发展。

一、供给侧结构性改革下水运发展措施研究的基础理论剖析

（一）供给侧结构性改革

“供给”简而言之就是把物资财产、物资产品等提供给有需求的人使用，供给定理反映了商品价格和产品供应量之间的相互关系。19 世纪初期，法国经

济学家萨伊在其著作《政治经济学概论》一书中提出，供给会自动创造需求，提出了鲜明的供给需求理念。20世纪70年代，美国供给学派兴起，强调供给的重要性，并提出需求会随着供给的变化而变化，肯定了萨伊供给会自动创造需求的理念。

通过对国内外供给侧结构性改革的相关研究成果进行深入的分析和全面总结，并充分结合我国实施供给侧结构性改革的背景和要求，笔者认为，我国提出的“供给侧结构性改革”概念，是在当前世界发展格局和历史背景下，基于中国经济自身发展变化需要，探求中国特色社会主义市场经济伟大实践并不断创新，是具有中国特色的新的研究成果，其主要含义是，在新常态下，围绕解决重点领域的突出矛盾和问题，实施供给侧改革，加快破除体制机制障碍，扩大需求，降低低层次的供给，增加有效供给，不断提升供给质量和效率，增强持续增长动力，进一步激发市场活力和社会创造力，不断解放和发展社会生产力。

（二）供给侧结构性改革对珠江水运改革发展的新要求

随着我国供给侧结构性改革的不断推进，交通运输领域和水路运输领域的改革也在不断深化，交通运输部提出了通过推进水运供给侧结构性改革，到2020年，内河水运基础设施、港口集疏运体系短板基本补齐，船舶运力结构进一步优化，水运服务质量效率和行业治理能力显著提升的发展目标。作为我国第二大通航河流，珠江是我国华南、西南地区重要的运输通道，珠江水运在促进上下游区域经济实现互补和协调发展中具有重要的促进作用。因此，对于珠江水运来说，要以供给侧结构性改革为契机，进一步推进珠江水运科学发展，牢固树立和贯彻落实新发展理念，在降成本、去产能、补短板、调结构、强服务等方面狠下功夫，通过改革的不断深化，不断提升珠江水路运输的供给能力、供给质量和效率，全面构建现代化的内河水路运输体系，为服务国家重大战略实施和区域经济社会发展做出更多努力。

二、供给侧结构性改革下珠江水运发展现状及存在的问题分析

经过近年来的发展，珠江水运在港口、航道、运输船舶、水运信息化、安全绿色发展等方面取得一定成绩，但对照供给侧结构性改革的新要求，仍存在一些发展短板和难题，还需要在推进供给侧结构性改革中不断完善。

（一）珠江水运发展现状

经过一代又一代珠江水运人的努力，珠江水运基础设施不断完善，运输供给能力不断提升，已经成为我国华南、西南地区重要的运输通道和综合交通运输体系的重要组成部分，在促进沿江地区经济社会发展中发挥了重要作用。

1. 航道发展现状

近年来，随着国家对内河水运的高度重视，珠江水系航道基础设施建设资金投入加大，西江航运干线扩能工程、珠三角高等级航道网建设工程及中线通道南北盘江—红水河、南线通道右江梯级开发等工程相继实施，基本形成了以“一横一网三线”为骨架的航道体系。截至 2018 年底，珠江水系航道通航里程 15552 千米，其中三级及以上航道 1946 千米，规划的高等级航道达标率为 86%。

2. 港口发展现状

近年来，随着“一带一路”“珠江—西江经济带”以及“泛珠三角区域合作”的不断深入，珠江水系沿江地区经济社会的发展，以及珠江航道体系的不断完善，港口的建设也取得了一系列成果，基本建成了一批集约化、规模化港区。截至 2018 年，珠江水系内河港口共拥有生产性泊位 2285 个，年综合通过能力 47234 万吨、1212 万 TEU、4675 万人次。佛山、肇庆、梧州、贵港、南宁等 5 个主要港口共有生产性泊位 728 个，深水泊位 247 个，货物通过能力 18718 万吨、集装箱 726 万 TEU，分别占水系港口总量的 40% 和 60%。

3. 船舶及运输发展现状

珠江水系上连云南、贵州、广西等西部省区，下接经济发达的广东以及珠江三角洲地区，是面向港澳和东盟开放合作的前沿地带，逐步形成了完善的运输网络，珠江内河水运承担了腹地大量的运输任务。

随着船舶总体数量的增加及船舶技术条件的不断改善，珠江水系内河货运量也呈现出快速增长的趋势，2018 年，珠江水系完成货运量 7.7 亿吨，同比增长 9.2%。2018 年珠江水运完成货运量 8.3 亿吨，较 2008 年年均增长 11.6%。珠江的水运量约占流域综合运输总货运量的 12%，广州港约 1/3 的吞吐量由珠江内河承担集疏运。从货物种类来看，珠江干线内河运输货物种类主要有煤炭、石油及其制品、液化气、原材料、矿建材料、进出口集装箱等。

4. 水运信息化现状

随着国家对内河水运的高度重视，以及信息化技术在水运产业的不断应用，总体上，珠江水运保障和管理能力稳步提升。航道助航设施逐步完善，重点航段、船闸和港口基本实现了甚高频（VHF）通信系统、视频监控系统（CCTV）、船舶自动识别系统（AIS）、水位自动监测、航标遥控遥测等设备的覆盖。信息技术在水运规划、勘察、设计和港航管理、水上安全管理、港口物流等领域得到广泛应用。西江干线主要通航船闸启用了基于北斗导航的船舶智能过闸系统，西江干线长洲、桂平、贵港、鱼梁、那吉 5 个梯级 9 座船闸实现统一管理联合调度。珠江水系已初步建成水运行业专用信息网络和应用系统。

5. 安全及绿色发展现状

近年来，珠江水系各省（区）港航管理单位深入贯彻落实"管行业、管安全"的要求，扎实开展珠江水系船舶载运危险货物安全综合治理、平安交通专项治理等活动，加强对珠江水系省际危险品船运输经营人经营资质动态跟踪管理，做好船闸通航预警预判工作，强化船闸防汛以及在建通航枢纽施工安全检查，逐步强化水上通航安全监管和应急搜救体系，水运保障支持服务更加有力，水系水路运输安全生产形势持续稳定。

为深入贯彻落实国家对完成绿色发展方式转变的相关部署，珠江水系航运行政事务主管单位珠江航务管理局联合沿江四省（区）共同推动内河船型标准化工作，先后开展了老旧运输船舶和单壳油轮提前报废工作、内河 LNG 新能源动力船舶推广工作、港口岸电布局及建设、落实珠江三角洲水域船舶排放控制区政策、扎实开展港口"未批先建"专项整治、强化港口岸线资源保护，绿色发展、低碳发展已经成为珠江水运的一张亮丽名片。

（二）珠江水运发展存在的问题

1. 航道建设不适应发展的需求

航道等级偏低。截至 2018 年，珠江水系航道通航里程 1.55 万千米，高等级航道 1946 千米，占航道总里程的比重约为 12.5%，等级以上航道主要以四级、六级、七级航道为主；等级外航道比例超过 50%。相对于长江来说，珠江水系的高等级航道占比较低，尤其是一级和二级航道占比低，同发展的需求还有很大的差距。

航道建设不平衡。珠江水系 1946 千米高等级航道中，主要分布于主流西江干线及珠江三角洲高等级航道网。上游云南省、贵州省以及广西壮族自治区的支流航道等级普遍较低，右江金鸡滩、左江山秀、北江清远等枢纽船闸通过能力不足，干支衔接的航道网络尚未形成，有待进一步推进航道基础设施建设。

2. 港口及船舶运输发展不充分

珠江水系内河港口的建设和发展取得一定成效，但在港口资源整合和智能化、信息化港口发展的大趋势下，仍显得不适应经济社会发展的需求。截至 2018 年底，珠江水系共有内河运输企业 696 家，船舶 16339 艘、1620 万载重吨，企业规模偏小，总运力超过 10 万载重吨的不足 10 家，充分体现了珠江水系航运市场结构不合理，发展不够充分，竞争力不强的短板。

3. 水运规划及建设时序不协调

水运规划及建设时序不一致的问题在珠江水系尤为突出，上下游地区航道规划等级不统一、项目建设时序不统一等问题严重制约了通道作用的充分发挥，造成了相关资源的浪费。

4. 水运基础设施建管养资金缺乏

近年来，随着航道等基础设施建设的不断加快，航道等级逐年提升，航道养护资金需求逐年增加，养护资金缺口较大，通航设施（船闸、升船机等）改扩建举步维艰，航道养护经费紧张，航道养护水平不高，影响了珠江航道建设成果的社会效益和经济效益的充分发挥。另外，船闸及升船机等通航建筑物的运营维护费用也难以保障，目前广西实行船闸收费，但仅能够满足船闸运行维护费用开支，同时水运成本逐渐上升，加重了航运企业的负担，对于水路运输市场的发展产生了一定影响。

5. 水运信息化发展不能适应新要求

目前，珠江水系内河水运发展中智能化、信息化等管理系统和技术手段的应用相比长江水系来说差距很大，还处在比较粗放的状态。甚高频通信系统、视频监控系统、船舶自动识别系统还没有实现干线航道和重要主流航道全覆盖；危化品船舶 GPS 动态跟踪还未运用，对干线及其他高等级航道“四客一危”船舶的监控和监管缺乏信息化手段；珠江干线和高等级航道的数字航道建设还未启动；船闸联合调度工作刚起步，现阶段难以做到完全覆盖；珠江航运综合信息服务系统工程建设实施一期工程，还未投入运行；同时，水运市场也缺乏覆盖广、功能全的航运交易信息服务平台，信息共享不到位，市场资源浪费严重，总体上看，珠江水运的信息化发展与发达地区的差距较大。

（三）珠江水运发展存在问题的原因分析

1. 航道管理体制不适应改革和发展的需求

珠江水系现行的航道管理体制及模式错综复杂，条块分割的管理模式导致重大事项难以统筹协调，对于珠江黄金水道的建设和珠江水运通道应有作用的充分发挥产生了很大的制约。在现行的体制下，交通运输部在珠江水系的派出机构珠江航务管理局主要承担航运行政事务的管理工作，在宏观层面对水系的航运发展进行综合协调。珠江水系的航道、水路运输和港口行政管理等职责主要由地方交通部门负责。水上交通安全由海事部门负责，广东海事和广西海事由中央直接管理，而云南、贵州则由地方管理。因此，在航道的建设管理和水路运输市场管理、安全监管等方面形成了中央和地方两套管理体制多重管理、交叉管理的状况，严重制约了珠江水运的发展。

2. 管理机构职能设置不适应改革和发展的需要

目前，珠江水系的航道建设及管理、水路运输市场监督等仍以属地化管理体制为主，辖区范围内的航道建设管理、水上安全、公安行政管理以及枢纽通航设施的建设管理还是由广东、广西、贵州、云南四省地方交通主管部门、中央直属海事部门及中央委托地方机构直接负责管理。在当前交通运输部明确要将珠江打造为我国第二条黄金水道的大背景下，现阶段珠江航务管理局的机构及职能设置显然还存在很多制约，难以像长江航务管理局系统一样，对长江干线水路运输的规划建设、安全监管、市场发展以及通航设施等进行直接管理，这将成为珠江建设中的关键性制约难题。

3. 流域丰富的水资源未得到充分利用

作为国家重要的水电开发基地，珠江水系尤其是珠江上游的水资源利用历来重视发电而轻航运，地方政府和相关水电开发企业对于水电工程带来的经济效益比较偏重，而水运这一运价低、运量大、占地少、绿色环保的交通资源未得到充分发挥，航道资源的利用也未得到高度重视。

4. 水系航运发展规划引领作用未充分发挥

由于多年以来珠江水系的航道及水运管理都是按行政区域划分进行分段管理，而各个省区由于经济社会发展程度不同、综合交通运输体系建设规划不同、对水路交通的重视程度不同、水运发展资金保障力度不同等，因而在进行水路运输市场及航道建设规划时各省区多从自身发展需求出发，而不是从整个水系水运发展的角度出发，存在协调合作不充分、规划统筹不充分等问题，导致珠江水系各省区间水运规划及开展航道、港口建设等工作中存在规划标准不统一、项目建设时序不统一等问题，严重影响了珠江水运整体航道网络的建设和完善，严重制约了珠江水运整体优势的发挥。

5. 水运建设管养资金保障机制不完善

珠江水系辖区范围除下游的珠江三角洲地区以外，上游的云南省、贵州省、广西壮族自治区属于西部欠发达省份，经济社会欠发达，地方政府财政困难，尤其长期以来已经形成重发电效益而轻航运效益，重公路交通轻水路交通等理念，导致珠江大部分地区都存在水运基础设施建设资金缺乏且维护和保养资金缺乏的难题。尤其是珠江上游地区由市（州）管理的部分航道没有进行养护，基本处于自然状态，严重制约了水运通道作用的发挥。

三、供给侧结构性改革下推进珠江水运发展的对策措施

（一）推进航道管理体制及管理机构职能改革

1. 准确定位珠江航道管理体制改革总体目标

（1）构建适应发展需求的珠江水运航道管理体制机制

通过全面深化改革，进一步理顺珠江水系航道管理体制机制，明确财政事权及支出责任之间的关系，促使珠江水系航道管理机构的职能转变更加到位，发展定位更加准确，管理层级和关系更加高效和顺畅，高层协调机制和上下协调机制更加优化，权利和责任边界更加明确清晰，确保珠江航道管理机制真正适应珠江黄金水道建设的需求。

（2）切实发挥珠江航务管理局派出机构的作用

通过深化体制改革，组建航道局、通航管理局等下属机构，对干线航道、通航设施等进行集中统一的管理，并赋予珠江航务管理局制定水系水运发展规划等职能，促进珠江航运依法行政和管理水平的提升，切实履行好航道管理职责，进一步强化珠江航务管理局作为交通运输部派出机构的重要作用。

（3）推进珠江水运治理体系和治理能力现代化

通过改革珠江航道管理体制机制，建立珠江干线航道规划、建设、运行、维护一体化机制，推动珠江水运发展及航道建管养实现统一领导、统一标准、统一规划、统一建设、统一管理的目标，不断提升管理效能和服务水平，切实推进珠江水运治理体系治理能力现代化。

2. 加快财政事权改革，推进航道管理体制现代化

充分借鉴美国密西西比河及国内长江等航道的管理模式，结合珠江实际，紧抓国家关于推进中央与地方财政事权和支出责任划分改革契机，深化珠江水系航道管理体制机制改革，明确财政事权及支出责任之间的关系，将珠江水系

干线航道及主要出海口等重要航道、一般高等级航道、支流航道，分别明确为中央事权、中央地方共管事权和地方事权，建立统分结合的航道管理体系，推进珠江航道治理体系现代化。

3. 加快管理机构改革，推进航道治理能力现代化

紧抓中央全面深化改革及推进水运供给侧结构性改革的契机，加快管理机构职能职责改革，建立由珠江航务管理局直属的航道管理机构、通航管理机构等直属机构，对珠江水运的发展进行统一规划、统一建设、统一管理。

（二）提高水系规划的科学性，推进水资源综合利用

按照中央全面深化改革的总体要求和交通运输部关于将珠江打造成为我国第二条黄金水道的总体部署，站在全局的角度准确把握珠江水运发展阶段、发展特点、发展规律，围绕建设现代化经济体系的要求，强化规划的引领作用，构建与珠江水运现代化发展相适应的框架体系，切实推进珠江水资源的综合利用。

1. 科学编制珠江水运综合发展规划

总体来看，珠江水运的发展规划同交通强国建设及流域经济社会发展的总体需求还不相适应，要站在全局、长远的角度和服务交通强国建设及流域经济社会发展的高度，统筹谋划珠江水运的综合发展规划。

2. 强化规划衔接最大化利用水资源

珠江水运是综合交通运输体系的重要组成部分，也是流域水资源综合利用的重要内容，因此，在编制发展规划时必统筹好同其他规划之间的衔接问题。

（三）加快港口航道及运输市场建设，补齐发展短板

珠江水运存在上下游水运发展不平衡、水运在综合运输体系中的占比不平衡、航道建设和发展不平衡，高等级航道网建设覆盖不充分、港口资源整合不充分、水运企业规模化发展不充分等问题，要加快珠江水运的现代化建设，必须加快推动航道、港口基础设施及船舶运输市场建设和发展，补齐珠江水运发展短板。

1. 加快航道网络建设补齐发展短板

围绕“通上游，扩中游，优下游，连支流，接海运”发展思路和建设干支线接、区域成网、江海互通高等级航道网的目标，科学制定珠江水系航道发展规

划，合理确定航道技术等级，加快航道提等升级步伐，加快补齐珠江黄金水道短板。

2. 推进港口转型升级提升服务水平

围绕规模化、集约化发展目标和补齐短板、完善功能、提高服务的思路，通过完善港口布局规划、优化港口集疏运体系、提升港口现代服务水平，加快珠江水系港口的转型升级步伐，促进港口同产城的联动和融合式发展，促进上中下游港口、沿江与沿海港口的互动，将珠江水系港口打造成为江海联动、功能互补、产城互动的港口服务体系。

3. 加快结构调整提升市场发展水平

在推进珠江水运供给侧结构性改革工作中，航运结构的调整是重要环节之一，必须坚持主体强化、要素集聚、结构优化、服务提升、创新发展等目标，通过优化船舶运力及船舶结构、促进航运要素集聚发展、优化运输组织结构，构建优质高效的珠江内河水运市场发展体系。

（四）深化资金投入机制改革，夯实水运改革发展基础

各级政府要高度重视内河水运的发展，提高航道建设发展对于优化区域综合交通运输体系重要性的认识，按照《中华人民共和国航道法》和预算管理的要求，将航道管理养护经费纳入政府预算管理。地方政府要积极支持航道建设，建立内河航运发展专项基金，明确省、市、县各级政府在航道建设中的职责，进一步发挥地方各级政府对航道建设的积极性和主动性，争取各级财政的支持，加大对航道建设管理的投入，不断拓展资金来源，建立完善的航道建设资金保障机制。

除加强中央财政资金投入、发挥地方政府积极性、加大地方财政投入外，还需积极探索构建多元化的水运发展投融资体制机制。

（五）强化统筹协调，提升珠江水运信息化水平

1. 完善珠江水运发展综合协调机制

珠江作为我国第二大通航河流，流经云南省、贵州省、广西壮族自治区、广东省，珠江水运的发展对于流域地区的经济社会发展具有重要的促进作用，但珠江水资源的开发、航道的建设、港口岸线的审批等不仅涉及流经的省（区），还涉及交通、港航、水利、电力、环境等众多涉水部门，因此，必须站在综合利用水资源的高度，提升整体性治理意识，进一步完善珠江水运发展综合协调机制。

2. 建立完善通航建筑物联合调度机制

珠江是我国水电开发的重点河流，在干线和支流上都建有大量的水利枢纽和航电枢纽，且运营业主各不相同，水电部门和发电企业对水库和流量的调度主要以发电和防洪为目的，较少考虑航运需求。另外，枢纽由不同业主进行运营管理，导致出现调度不一致、信息发布不同步、维护时间不协调、下泄流量不均匀、通过效率低等问题，影响了高等级航道网整体作用的发挥，降低了水运综合效益，必须建立全水系统一的通航建筑物联合调度机制。

3. 提升珠江水运信息化水平

积极推进大数据、“互联网 +”、人工智能等信息技术在珠江水运的运用，不断提升珠江水运信息化发展水平。

经过近年来的快速发展，珠江水运取得一定成就，但在国家推进治理体系和治理能力现代化，大力实施供给侧结构性改革的历史背景下，珠江水运的发展同建设交通强国提出的新要求、同流域经济社会的发展和人民群众的期盼还有很大差距。

第四节　水运节能环保研究——以重庆为例

我国在进入工业化、城镇化加速阶段的同时，也进入资源环境矛盾的凸显期，资源环境问题已经成为制约长期发展的瓶颈，迫切需要从传统发展模式转向绿色发展模式。

日益凸显的资源、环境压力已对我们形成了严峻的挑战，建设资源节约型、环境友好型社会已成为国家层面的重大发展战略。交通运输要服务于经济社会发展的需要，服从国家可持续发展的大局，就必须大力发展低能耗、低土地占用、低环境污染的运输方式，这恰好就是内河航运的比较优势。内河航运是综合运输体系的重要组成部分，具有运能大、占地省、能耗低、污染小等特点，是一种绿色的运输方式。因此可以说，振兴内河航运，是建设资源节约型、环境友好型社会对交通运输领域的内在要求。现代化的交通发展模式，其基本特征也是绿色的和开放的。因此，全面建设创新型行业，走绿色交通发展之路，进一步扩大对内对外开放，是未来中国交通发展的战略选择。

一、重庆水运节能环保发展现状

水运是重庆低碳交通发展优势巨大的交通方式。目前，全市通航里程 4451

千米，四级及以上高等级航道达1400千米；港口货物通过能力1.45亿吨，大型化、专业化码头通过能力占比42%，港口生产单耗约为3.5吨标准煤 / 万吨吞吐量；货运船舶平均吨位1800吨、平均运距1350千米（均位居全国内河第一），营运船舶单位运输周转量能耗约为3.9千克标准煤 / 千吨千米；水路货运周转量占综合交通的比重约为61.5%，稳居各种交通方式之首，长江水运成为物流运输主通道，水运作为低碳交通方式的独特优势得以彰显。

（一）港口

2018年重庆市港口生产单耗为4.5吨标准煤 / 万吨吞吐量，能源消耗总量为5.5万吨标准煤。近年来，重庆港口从港口发展战略到设计施工、生产管理等方面都高度重视节能减排工作，近年统计数据显示，港口生产单耗逐步下降。

1. 码头工艺设备

重庆地处长江上游和三峡库区，属大型山区河流地区，流量与水位变幅大，水位差一般在16～30米，个别港口甚至达到50米，且变化频繁，码头结构形式多采用斜坡式或直立式；同时，由于陆域地形条件复杂，高程变化大，港区常采用多级作业平台布局。因此，相对于长江中下游及沿海地区港口水位差较小、陆域较宽广平坦等有利条件，重庆港普遍存在建设难度大、投资高、作业环节多、能耗高等特点，特别是随着宜港岸线资源的逐步使用，给重庆“建设两型港口、构建低碳和谐社会”提出了更高要求。

此外，重庆港尚有部分简易码头，多为分级直立式、斜坡式或自然岸坡。主要承担煤炭、砂石料、散杂货运输，装卸工艺为梭筒（槽）、简易皮带机、汽车下河等。这些码头机械设备简单，且较为陈旧，装卸效率低，单位能耗高，环境保护措施不健全，对周边环境影响大，急需进行整治改造。

近年来，重庆相继建成寸滩、东港、果园等一批5000吨级现代化码头，港口专业化、规模化和机械化程度大幅提升。这些码头多采用直立式结构，码头前沿采用岸边集装箱起重机、门座式起重机或固定式起重机进行装卸船作业，堆场采用龙门起重机作业，码头装卸效率高，通过能力大，2016年，全市港口货物通过能力1.45亿吨，其中大型化、专业化码头通过能力占比42%。主要能耗为电力，单位能耗低。

2. 环境保护

在新建码头的设计与施工中，环保理念已经得到较好的落实与体现，环保设施越来越先进，码头的运营管理也更加规范严格。集装箱码头设置洗箱、洗车场地，化危品码头设置专用污水处理池。码头污水经收集后排放至城市污水管网或自建污水处理池进行处理达标后排放至河道中；码头区在护岸、边坡、堆场上增加绿化；散货皮带机加罩封闭。

（二）船舶

2018年重庆市水路运营船舶单耗为4.9吨标准煤/千吨千米，能源消耗总量达62万吨标准煤。

1. 船舶标准化现状

船舶标准化促进船舶运力结构调整，提高航运市场竞争力；保护环境，促进流域经济可持续发展；提高航道及其通航设施利用率，提高运输通过量；改善通航秩序，保障运输安全。重庆船舶标准化的推进使运力增长迅速，船舶运输效率大幅提高，船舶单耗保持稳步下降。

2. 新船型和新技术应用情况

重庆水运企业与科研院校、设计单位合作，积极开展船舶线型、结构优化和动力装置优选设计。如选用体积小、重量轻、油耗低的新型柴油机替代体积/重量大、油耗高、污染重的老式柴油机，不仅降低了船舶自重，还提高了船舶的技术性能，有力地促进了船舶技术进步和节能降耗。

3. 船舶污染现状

目前，长江船舶基本已按规定配备了防油污、垃圾污染设备，但很多船舶的油水分离器、垃圾储存设备等没有投入使用，夜间或港外偷排现象时有发生，修拆船产生的油污染也未得到有效控制。三峡库区只有重庆、万州、云阳等少数港口有污染物接收单位，由于污染物无处可交，大量船舶污染物流入长江，因此增加岸上的垃圾接收设备是十分必要的。

（三）航道

1. 噪声控制

重庆市中心城区和居民区紧临“两江”（长江和嘉陵江），与港口航道间缺乏噪声防护屏障，随着城市滨江经济带的建设和船舶流量的增长，人民群众要求治理船舶噪声的呼声越来越高。2015年重庆市港航管理局、重庆海事局联合发布《关于控制重庆主城港区船舶噪声的通告》，通过调整船舶发班时间、减少声号鸣放和安装消声降噪器等有关措施和要求，有效减轻了主城港区船舶噪声对沿江居民的影响。

2. 清污排障

随着三峡库区蓄水，长江航道内的垃圾也在增多。尽管有关部门对库底进行了清理，但还是存在很多生活垃圾，这些垃圾给船舶航行带来了安全隐患。蓄水后，库区航道水流缓慢，更易造成垃圾的聚积。船舶在航行过程中，为避开这些垃圾可能偏离航向，形成安全隐患。漂浮在江面的垃圾不仅影响航道，而且会通过船体管道进入船舶机体，造成船舶机械故障。

虽然三峡库区沿江城市建设了垃圾处理场、污水处理场，但如果监督不力仍会造成垃圾直接或间接排放到长江。目前，就有不少垃圾倾倒在长江沿岸的山谷冲沟里面，这些垃圾最终还是会被雨水冲入长江。

3. 建设施工

航道建设在整治和疏浚过程中，不可避免地要影响河流的原始生态。震耳欲聋的噪声，倾倒的废渣、废料、土石方，大片裸露的山体和边坡……这些因为工程产生的污染曾经屡屡闯进我们的视线。如何在航道建设中促进人与自然的和谐发展，在保障社会经济建设发展的同时，把对环境的影响和破坏减小到最低程度，重庆也做出了很多有益的探索。

二、重庆水运节能环保思路分析

（一）港口

1. 港口结构调整

国民经济的快速发展和产业结构的优化升级，使港口货运结构发生了较大变化，外贸进口原油和铁矿石快速增长，国际集装箱运输突飞猛进。煤炭、原油、铁矿石等大宗散货的运输更加规模化、专业化，同时船舶出现向大型化发展的趋势，对码头靠泊、装卸条件提出了更高要求。为此，港口结构调整必须要提高总体通过能力和服务能力，充分利用各种港口资源，提高优化水平。近年来，全国各地港口加快了大型深水港口和专业化码头的建设步伐，提高了泊位利用率，完善了生产组织形式，合理布局货物流向，按照布局合理、功能完善的现代化港口体系建设发展要求进行港口结构调整取得了相当的成效。环渤海地区、长江三角洲和珠江三角洲地区的港口群初具规模，港口泊位结构向大型化、专业化方向发展，综合竞争实力不断增强，港口布局已向更高层次的国际航运中心发展。高强度的固定资产投资使港口经济得到高速增长，适应了国民经济需求，使国家重点物资运输能力有了显著提高。

2. 港口生态化发展

水运系统的快速发展给区域环境和生态系统带来了严重的影响，如果不注重生态环境保护，将会破坏区域生态平衡，危及居民的生态环境。如果在港口规划时不强调环保论证，建设时不采取环保措施，运营时不注重环保监控，势必造成对生态环境的污染和破坏。当前，中国港口面临着进一步建设发展与日益紧张的岸线、土地、能源限制之间的矛盾，许多沿海港口面临岸线资源特别是深水岸线资源紧张的困境。生态环境质量已经成为提升我国国际竞争力的重要影响因素，生态型港口的构建既是顺应国际潮流和提升产业竞争力的有效手段，也是促进港口城市实现科学发展的必然选择。在此背景下，具有环境友好特征、符合循环经济理念的生态型港口必将成为中国港口重要的发展方向。在资源和环境压力日益增大的情况下，中国港口部门将以科学发展观为统领，通过科技创新实现节能减排，切实转变港口经济发展方式，在业务量扩张的同时与周边环境和谐共存。通过生态建设，把“港口—船舶—人—自然”和谐相处的环境理念渗透到港口建设和运营的各项行为之中，提高港口活动的资源利用率，最大限度地减少港口对所处区域环境的负外部性，实现“环境优美、高效节能、清洁生产、达标排放、综合利用”的总体目标。

3. 港口环境保护

为促进各码头的可持续发展，以建设“绿色港口”为目标，需要对现有港区环保设施进行重新规划与更新换代，这些主要包括港口的粉尘综合治理、陆域水污染防治、绿化及固体废物处置等。其中，港口粉尘综合治理包括堆场硬化、粉尘综合防治；陆域水污染防治包括散货堆场雨污水处理、集装箱洗箱废水处理、生活污水处理、含油污水处理、化学品污水处理、船舶污染物治理、港区应急设施配备、堆场及港区绿化率的提高以及生活垃圾收集系统的规范等。

（二）船舶

1. 船舶标准化适应性分析

重庆是东部产业往西部转移的重要承接地区，产业的转移和升级对运输质量的要求越来越高。而且重庆地处库区腹地，一定要考虑船舶对环境的影响，且应该尽可能减少对上游水资源的污染。再者，还需要考虑三峡船闸的通过能力，但目前其通过能力已达饱和状态。标准化作为一项系统而复杂的国家重点工程，是能够很好地解决这一系列问题的关键性措施，故而以目前船舶整体的标准化率看，还有必要加大投入，并推动政策方针的积极贯彻。

2. 船舶清洁能源综合应用

清洁能源在船舶上的应用无疑具有良好的发展前景。从目前新能源技术的发展现状来看，以风能、太阳能、核能以及燃料电池等为代表的清洁能源已初步具备在船舶上应用的基础，而且，其中单一能源的应用也已经有了可供参考和借鉴的实船案例。值得注意的是，纵观清洁能源在船舶上应用的各种技术方案或概念设计，仅利用风能或太阳能等单一模式并非最优的应用模式。根据船型结构、航行区域和营运特点的不同，多种能源的综合利用已作为一个发展方向在船舶应用领域掀起了新一轮的研究热潮。

（三）航道

1. 环境影响分析

航道工程建设是为了消除河道中的浅滩、急滩、险滩，以及其他碍航礁石或建构筑物，以增加航道宽度和水深，增大弯曲半径，改善水流条件，扩大航道通行能力。主要工程措施有炸礁、疏浚、筑坝、护岸、渠化、航标配布、支持保障系统建设等。航道工程实施过程中产生的污染源、污染物主要为少量船舶生活污水、航道整治引起的河床底质翻动（泥沙、卵石）使局部水质等级有所降低以及施工机械工作时产生的噪声等。营运过程中的污染源主要是过往船舶，污染物为航行船舶的舱底油污水、生活污水、少量废气以及交通噪声。

2. 环境防治措施

航道工程建设过程中对河水水质造成污染及对河中渔业资源的影响是不可避免的，但从污染或影响面来讲是局部性的，从时间上讲是阶段性的。为尽可能控制污染和防止生态发生较大的变化，可采取以下措施：

（1）水环境保护措施

①制定合理的施工计划，尽量缩短工期，减轻对施工期的影响。施工单位应主动与沿岸各有关县市、乡镇人群饮用水厂取得联系，做好协商及协调工作，合理地做好项目施工与当地抽水时间的安排。

②航道炸礁时，采取导爆索串并联的传爆网络和毫秒延期爆破方法，使用先进、环保的疏浚机械等，尽量减轻悬浮物对水质的污染。

③加强对施工期的环境管理，制定严格的规章制度，严禁将生活垃圾、施工废水、机械废油排入河中。

④在大面积疏浚、倾倒的作业区投放沉降剂，并在抛填区设置防污帘。

（2）陆域生态环境保护措施

①尽可能减少施工占用陆域面积，以减轻对原生态环境的破坏。

②加强对河岸防护及边坡的维护，加强绿化防护，根据护坡现状，在植被薄弱区或因施工遭破坏的坡地适当种植根系较发达、茎叶矮小的草种，采取林草皮护坡措施，既能防止水土流失，又能绿化美化环境。

③为防止水土流失加剧，在工程设计阶段各项环保措施应系统规划，综合防范，做到技术措施可行，环保措施得到真正落实。

（3）营运期污染控制措施

①在站房内设置绿化带，可减轻粉尘污染，并美化环境。

②来往运输船舶的生活污水及机舱含油污水不得随意向河中排放，应由船舶自身安装配置的处理设备处理达标后排放，无条件时应由接受工作船统一回收后交由陆上进行达标处理。

③来往船舶产生的垃圾，不得乱扔乱倒。站房内设置垃圾箱，对生活垃圾进行收集。集中收集后送到城市垃圾处理站统一处理。

④建立健全的船舶交通管理制度和航行安全保障体系，加强安全管理并采取防护措施，制定事故应急反应计划和措施。一旦发生事故，造成或者可能造成水体污染的，海事部门应当强制打捞干净或强制拖航。

三、重庆水运节能环保具体对策研究

（一）大力推进港口码头工艺装卸设备油改电

电力是清洁能源，零排放，对环境无污染，且成本低，在港口码头中需大力推广使用。对于老港区配备的轮胎吊，鼓励企业进行油改电，以降低能源消耗。对于新建项目，在码头设计过程中，需按绿色、环保、低能耗原则进行设计，码头装卸设备（岸边集装箱起重机、龙门起重机、龙门吊等）采用电力设备。

（二）大力推进靠港船舶接岸电

电力是清洁能源，船舶靠泊时使用岸上电源，能有效降低能源消耗，减少废气排放，大幅度改善环境质量，降低船舶靠岸运行时的费用，具有较大的社会和经济效益。新建港口码头在设计过程中应考虑船舶使用岸电，并将岸电电源接口引至码头前沿。老港口码头应根据原供电系统、富裕容量情况和靠泊船舶对岸电的使用要求，在原有设施的基础上进行技术改造，以满足大部分靠港停泊的船舶用电需求。

（三）继续推进船舶标准化建设

全面推进货运船舶标准化、大型化、专业化，充分发挥5000吨级及以上船舶优势，形成长江中上游规模最大的现代化船队、全国内河密度最大的集装箱班轮航线，适应世界航运发展趋势，确保重庆长江上游航运中心的核心竞争力。

大力推进客运船舶舒适化、旅游化、高档化，加快从传统内河水上客运向现代化高品质旅游客运转型，培育高附加值的邮轮经济与游艇经济产业，开拓内河水上客运发展新局面。

按照《全国内河船型标准化发展纲要》和《推进长江干线船型标准化实施方案》，采取技术、经济、法律和行政等综合手段，推动老旧船舶淘汰和更新改造进程，优化船舶运力结构，全面提高运输船舶的吨位和技术水平，提高运输船舶的营运效率。

（四）大力推进新船型、新技术和新能源

1. 推广应用LNG船舶

充分发挥重庆水运的优势，以长江流域为重点推广示范，推广LNG动力船舶示范工程，推进大型船舶改造为LNG燃料动力船舶的应用。在长江沿线及重要支流航道上建设船用LNG加注码头（站），并建设相应的储备调峰站、天然气液化加工厂等。

2. 实施主机冷却水余热利用改造工程

该项目拟对船舶原设计安装的燃油进行取消，对液货舱加热管路进行改造，增加机舱主机冷却水循环水舱，利用主机运行时冷却水余热对液货舱所载货物进行加热、保温，从而减少船舶油料消耗，实施化学品船舶液货舱加热保温系统利用主机冷却水余热改造工程。

（五）优化港口码头设计，建设现代化生态港口

从源头控制污染的发生是最有效的环保方式，故改善现有的生产工艺或者运用具有先进水平的清洁生产工艺，将从源头减少污染物的产生。为促进各码头的可持续发展，以建设绿色港口为目标，在码头设计过程中应贯彻节能环保要求，建设现代化生态港口。

①本着“节约岸线、节约土地、节约能源”的原则进行设计，防止水土流失。

②优化装卸工艺和设备选型设计，选用低能耗、高效率的装卸设备，优先选用以电能作为动力源的装卸设备。

③采用节能供电方案，应用了较先进的晶闸管投切动态补偿和有源滤波装置，提高补偿效果。

④改进码头装卸工艺系统，使系统各环节能力匹配，提高装卸效率，降低能耗。利用信息技术和电子监控，加强港口的科学生产调度，优化运输组织结构。减少单车单放空驶，降低设备的空驶率，提高运输效率，降低装卸的单耗。

⑤采用节能照明方案和照明设备，合理确定照度，分区照明，智能控制灯具启闭，选用新型节能灯具。如堆场高杆灯采用LED灯取代原来的高压钠灯，使用太阳能航标灯替代原有的干电池或蓄电池航标灯等。

⑥采用密闭的皮带机传送方式防止粉尘的污染，运用节水生产工艺可以有效减少废水排放等。

⑦加强港区绿化，建设花园式港口。

（六）加强船舶防污染措施

1. 建立完善船舶防污染体系

以保护水域环境和促进港口发展为目的，从科学的角度和实际出发，建立符合重庆市实际的防治污染体系和运行制度，建立有效的协调机制和港口环保服务的市场机制。

2. 加大监管力度

港航管理部门要开展船舶防污染专项检查，加大防污染检查力度。要运用先进的科学技术，加强对船舶污染水域的监管，确保监控的有效性。

3. 加强宣传

主管部门要加大宣传力度，努力增强全民水上环境保护意识，大力提高辖区人民群众对防治水域污染工作参与的积极性。

（七）加强三峡库区垃圾清理

三峡水库退水后，在江面上漂浮的垃圾残留在消落区，同时消落区内被淹没的灌木、杂草等植被显露出来，这些垃圾如不进行清理，汛期来临这些垃圾势必进入库区水体，给水环境带来污染，影响航运安全。为此，加强库区垃圾清理是非常必要的。

以上就是笔者针对重庆水运节能环保研究的全部内容，大力发展内河水运，有利于加快降低能源资源消耗；发展低碳经济、减少污染物排放符合建设资源节约型、环境友好型社会的总体要求，对于加快转变经济发展方式具有重要现实意义。

结束语

目前，有关水运发展现状及对策的研究还处于不断探索的阶段。我国经济的不断发展，为我国水运的发展提供了新的机遇，研究水运发展现状及对策将有利于促进我国交通运输业的进步。本书对水运发展现状及对策的研究主要有以下几个方面：

第一，完善水运基础设施建设。发展内河水运必须要加快我国内河港口和航道的基础设施建设，这是实现我国内河水运现代化转型的重要基础。

第二，加强管理维护工作，提高资源利用效率。促进水运发展离不开对水运的管理维护工作，这是实现我国水运经济现代化转型的重中之重。在开展航道建设时，需要突出重点港口、航道项目建设，利用有效的资源发挥的实际作用，全面保障我国水运经济发展。同时，需要定期进行内河港口、航道的维修，避免不必要的资源浪费，优化资源配置，提高资源利用效率。

第三，发展信息化技术，改变封闭落后的局面。我国水运目前处于发展机遇期，需要充分利用现代化信息技术，建立全国范围内的信息系统以及数据库，整合市场资源，使水运企业可以随时了解市场动态，做出内部调整，促进水运企业内部发展。

第四，实现绿色可持续发展。我国的绿色水运发展需要在进一步发挥我国政府推动绿色发展体制优势作用的基础上，借鉴水运发达国家的经验，将绿色水运行动及其目标与民众生活质量的关系更加紧密地结合起来，更加科学地认识绿色水运发展技术和措施应用的效益，以更加积极的态度适时采取绿色水运发展措施，推动绿色水运发展机制创新，实现更显著的绿色发展成效。

水运在我国交通运输中的重要地位不可动摇，诚然我国水运仍存在许多问题，但只要相关部门从可持续、信息化、技术化以及绿色化等方面着力改进，相信我国的水运发展一定会更上一层楼。

不可否认的是，受笔者知识的广度和深度、资料来源、研究时间等因素的限制，在一些方面本书仍存在不足之处，笔者希望能在今后的研究中加以弥补和修正。

参考文献

[1] 杨文武．航道现代化是内河水运现代化的基石 [J]．中国水运，2019，19（07）：31-32．

[2] 王平义，李健，王梅力，等．建设人工运河，打造西部南北水运出海大通道 [J]．中国水运，2014，19（07）：33-34．

[3] 彭传圣．我国绿色水运发展水平与水运强国的比较和经验借鉴 [J]．水运管理，2019（06）：1-5．

[4] 黄力，陈沫，杨琼．探索莱茵河航运对我国水运绿色发展的启示 [J]．中国水运，2019，19（03）：35-36．

[5] 张毓书．改革再出发　奋力攀新高——全力推进水运高质量发展 [J]．人民交通，2019（03）：10-12．

[6] 张建林，付广，郑燕，等．珠江水系各省区水运蓬勃发展 [J]．珠江水运，2019（04）：41-43．

[7] 徐洪磊，韩兆兴，郑超蕙，等．水运绿色发展的国际经验与启示 [J]．港口科技，2018（12）：1-2．

[8] 焦蕴平．充分发挥水运优势　努力守护绿水青山 [J]．中国水运，2018（10）：3．

[9] 马格淇．水运绿色发展的“珠江声音”[J]．珠江水运，2018（18）：1．

[10] 周杰源，刘虎英．湖南省水运多式联运发展研究 [J]．湖南交通科技，2018，44（03）：203-205．

[11] 李扬．对交通强国建设背景下水运发展的认识 [J]．中国水运，2018（09）：6-7．

[12] 杨靓，陈飞，黄力．加快水运建设和合作　推动城市群协同发展 [J]．经济研究导刊，2012（23）：59-60．

[13] 刘长俭，袁子文，盛刚兵．正确把握五个关系　推动长江水运高质量发展 [J]．中国水运，2018（08）：12-13.

[14] 杨静．浅析我国水运经济发展的现状及问题 [J]．北方经贸，2018（06）：129-130.

[15] 杨静．水运在低碳经济发展中的作用探析 [J]．环渤海经济瞭望，2018（06）：40-41.

[16] 赵燕．水运发展与经济发展的关系分析 [J]．经贸实践，2018（07）：129.

[17] 陶加源，胡空．新形势下武汉水运发展策略 [J]．水运管理，2018，40（03）：19-24.

[18] 赵燕．水运经济的发展与强化消防安全管理 [J]．经贸实践，2018（06）：187.

[19] 刘涛，徐培红．长江水运行业 LNG 应用与发展分析 [J]．长江技术经济，2018，2（01）：70-74.

[20] 刘长俭，陈中，亚殷月．我国水运强国发展战略初探 [J]．中国港口，2017（02）：8-12.

[21] 王天霞，卢琳，陈启强．宜宾水运的 SWOT 分析及策略研究 [J]．科技经济导刊，2018，26（06）：189-191.

[22] 丁敏，张婧姝．新形势下长江内河水运发展趋势 [J]．中国港口，2017（11）：8-13.

[23] 谢燮．“美好生活需要”指引水运发展方向 [J]．中国船检，2017（11）：31-34.

[24] 肖立萍．水运信息化现状及发展设想 [J]．科学技术创新，2017（28）：137-138.

[25] 李国一．关于绿色水运交通发展若干问题的思考 [J]．交通运输部管理干部学院学报，2017，27（03）：11-14.

[26] 张建林，曾庆标，郑燕，等．绿色水运全面开花 [J]．珠江水运，2017（18）：24-29.

[27] 杨林坚．智能水运的发展与现状 [J]．中国水运，2016，16（10）：73-74.

[28] 陈实．绿色水运发展现状与对策分析 [J]．交通运输部管理干部学院学报，2016，26（03）：15-20.

[29] 丁桂花. 长三角内河水运发展现状分析 [J]. 交通与运输，2016，32（02）：50-53.

[30] 戴昌军，安荟菁，钱俊. 三峡区域水运物流现状及发展对策研究 [J]. 人民长江，2014，45（11）：23-25.

[31] 何跃明. 长江水运物流发展现状和对策 [J]. 武汉商业服务学院学报，2013，27（06）：5-8.

[32] 谢金武. 湖北省水运现状分析及发展思考 [J]. 交通科技，2005（03）：117-120.

[33] 王明志. 水运信息化现状及发展设想 [J]. 水路运输文摘，2004（12）：11-15.

[34] 张振新. 我国液化气水运业发展现状及前景 [J]. 广东造船，2000（04）：38-39.

[35] 袁茁. 我省水运市场现状及发展对策 [J]. 辽宁交通科技，1997（04）：48-50.

[36] 彭翠红. 我国水运市场的现状和发展政策 [J]. 水运管理，1997（01）：7-9.

[37] 张叔辉. 公路、水运交通科技发展现状 [J]. 科技与经济画报，1995（02）：8.

[38] 谭树清. 中国水运通信网的现状、构成及发展 [J]. 世界电信，1994（04）：6-7.

[39] 徐晶晶. 水运工程建设质量管理体系研究 [D]. 杭州：浙江工业大学，2017.

[40] 胡国和. 江西省内河水运建设投融资研究 [D]. 南昌：南昌航空大学，2017.

[41] 毕克安. 吉林省内河水运发展措施研究 [D]. 大连：大连海事大学，2012.